Frank Schumann und Heinz Wuschech

Schalck-Golodkowski
Der Mann, der die
DDR retten wollte

edition ost

Das Buch

Um Schalck-Golodkowski, Jahrgang 1932, ist es ruhig geworden. Auch bis zum Ende der 80er Jahre wusste man nur wenig über ihn. Erst in den 90er Jahren, frühestens seit seiner Flucht aus der DDR am 3. Dezember 1989, war er Dauerthema in den Medien. Kein DDR-Bürger wurde mit derart vielen Ermittlungsverfahren überzogen wie Schalck-Golodkowski: Es war rund ein halbes Hundert. In einigen Fällen wurde er auch verurteilt. Der Bundestag und der Landtag in Bayern richteten Untersuchungsausschüsse ein, die sein Leben und vor allem sein Engagement für die DDR durchforsteten. Ob sie auf diese Weise dem Wesen seines Handelns, seiner politischen Überzeugung und seinen Motiven tatsächlich nahekamen, ist zu bezweifeln. Und darum musste dieses Buch geschrieben werden.

Die Autoren

Frank Schumann, Jahrgang 1951, gründete mit 40 den Verlag edition ost und verlegte neben anderen Personen der Zeitgeschichte Ulbricht, Honecker und Krenz. Er sprach als einziger deutscher Journalist rund 40 Stunden mit Margot Honecker in Chile. Das Interviewbuch »Zur Volksbildung« wie auch Erich Honeckers »Letzte Aufzeichnungen. Für Margot« platzierten sich im Frühjahr 2012 in allen wichtigen Bestsellerlisten der BRD.

Heinz Wuschech, Jahrgang 1933, Sportmediziner und Chirurg, behandelte nicht nur Schalck-Golodkowski, als dieser steckbrieflich gesucht wurde, sondern ist seit über einem halben Jahrhundert einer seiner besten Freunde. 2012 berichtete Wuschech über seine Erfahrungen als Sportmediziner im Buch »Weißkittel und Wunderwaffe« (spotless).

Inhalt

DDR-Ministerpräsident Schalck-Golodkowski 7
Woher kommt dieser Doppelname? 19
Kontinuität und Klassenkampf 27
Schalcks Grenzen 43
Schalck und Afrika 53
Schalck-Golodkowski und das Sonderkonto 0628 .. 61
Der »Schürer-Bericht« 69
Orchideen für Raissa und einen Drops für Schmidt . 73
»Bring den Alten auf die Beine« 83
OibE 92
Unterhändler 98
Schalck und »die Sicherheit« 123
Schalck und Mittag 126
Schalck und Bölling 133
Schalck und Strauß 136
Schalck und Schäuble 153
Schalck und der BND 165
Ruhe um Schalck 174

Zeittafel 177

»Es haben sich«, heißt es in dem 750 Seiten starken Papier, »keine Hinweise bestätigt«, dass das Trio KoKo-Millionen beiseite geschafft hätte und noch heute horte. Bis auf Kleinkram, der in gesonderten Verfahren weiter verfolgt wird, konnten die Ermittler der Arbeitsgruppe Regierungskriminalität nichts strafrechtlich Relevantes entdecken.

Der Spiegel 17/1992 zum Abschluss der Ermittlungen in Sachen »Untreue pp.« gegen den Leiter des Bereichs Kommerzielle Koordinierung (KoKo), Alexander Schalck-Golodkowski, dessen Ehefrau Sigrid und seinen Stellvertreter Manfred Seidel

DDR-Ministerpräsident Schalck-Golodkowski

Unweit der sowjetischen Botschaft, hinterm Brandenburger Tor, zieht sich die Staatsgrenze der DDR dahin. Vor jener Mauer, mit dem Säulentor im Rücken, erhebt sich ein steinernes Podest. Dort steigen die Staatsgäste der DDR hinauf, wenn sie denn einen Blick nach Westberlin zu werfen wünschen. So es sie drängt, können sie danach ihrer Überzeugung freien Lauf lassen und diese im Gästebuch der Grenztruppen, das in einem der Wachgebäude am Tor ausliegt, mitteilen. Wie etwa der Führer der Sowjetunion und Oberster Befehlshaber der Streitkräfte des Warschauer Vertrages am 26. April 1986. Michail Sergejewitsch Gorbatschow notierte dort: »Am Brandenburger Tor kann man sich anschaulich davon überzeugen, wie viel Kraft und Heldenmut der Schutz des ersten sozialistischen Staates auf deutschem Boden vor den Anschlägen des Klassenfeindes erfordert. Die Rechnung der Feinde des Sozialismus darf nicht aufgehen. Unterpfand dessen sind das unerschütterliche Bündnis der DDR und der UdSSR sowie das enge Zusammenwirken der Bruderländer im Rahmen des Warschauer Vertrages.

Ewiges Andenken an die Grenzsoldaten, die ihr Leben für die sozialistische DDR gegeben haben.«

Drei Jahre später nun trifft sich die Führung der sowjetischen Vertretung täglich zur Lagebesprechung. Der 70-jährige Botschafter Wjatscheslaw I. Kotschemassow pflegt enge Beziehungen zu Gorbatschow und Außenminister Schewardnadse, engere jedenfalls, als Diplomaten gemeinhin zu ihren Chefs unterhalten. Und auch sein Verhältnis zu den DDR-Spitzenpolitikern ist gut. Auf diese Weise und auch über andere Kanäle ist man im Haus Unter den Linden (und damit auch in Moskau) bestens über die Lage im Lande informiert. Und diese spitzt sich seit Monaten dramatisch zu, worüber sich die Sowjetdiplomaten jeden Morgen hinter geschlossenen Botschaftstüren austauschen.

Es gibt objektive und subjektive Probleme, und dass an den objektiven Moskau nicht schuldlos ist, macht beispielsweise ein Gespräch von Dr. Herbert Krolikowski deutlich, welches dieser am 12. August 1989 führt. Der Staatssekretär im DDR-Außenministerium fragt zu bemerkenswert historisch früher Stunde den Pressechef des Moskauer Außenministeriums Gennadij I. Gerassimow, was Moskau im Schilde führe. »Wir bitten lediglich um eines – uns deutlich zu sagen, welche Absichten Sie uns gegenüber haben.

Heute gibt es das sozialistische Deutschland. Die Frage ist, soll man es erhalten wie z. B. Österreich, oder auf den Moment warten, wo man sich der DDR entledigen kann? Die DDR ist unser Staat, wir haben ihn aufgebaut und lieben ihn. Unser westlicher Partner ist weder der dümmste noch der schwächste. Man sollte ihm das Erreichen seines Zieles, das nicht in einer Stärkung der DDR besteht, nicht erleichtern.

Wenn Sie uns jedoch sagen, dass Sie uns nicht mehr brauchen, dass Sie den Frieden in Europa auch ohne uns sichern können, so werden wir uns bemühen, einen Ausweg aus der neuen Situation zu finden. Wir werden die frühere Konzeption der Konföderation in Deutschland wiederbeleben, Verhandlungen mit Bonn zu dieser Frage aufnehmen und um maximal günstige Bedingungen für die hier lebenden Menschen ringen.

Sagen Sie uns offen, worin besteht Ihr Ziel, und wir werden dementsprechend handeln. Wir dramatisieren nicht, gedenken nicht in Weltschmerz zu verfallen. Aber man muss Schritte unternehmen, über die nächste und die weiteren Etappen nachdenken.«

Diesem sehr offenen Gespräch, das keinerlei Zweifel am begründeten Zweifel über die Verlässlichkeit Moskaus lässt, wohnt der zweite Mann hinter Botschafter Kotschemassow bei. Er notiert, was er hört. Auch die täglichen Lagebesprechungen im kleinen Kreis. Igor F. Maximytschew wird sie zehn Jahre später in Moskau unter dem Titel publizieren: »Das Volk wird uns nicht verzeihen ... Die letzten Monate der DDR. Tagebuch des Gesandten der Botschaft der UdSSR in Berlin«.

Es gibt nicht wenige Zeitgenossen, die die Glaubwürdigkeit des Zeitzeugen Maximytschew grundsätzlich in Frage stellen. Und auch konkreter Widerspruch wird angemeldet. Egon Krenz, der an jenem 12. August 1989 als Honeckers Stellvertreter amtierte, beruft sich auf den ihm täglich von Herbert Krolikowski gelieferten außenpolitischen Lagebericht. »Vor November 1989 wussten alle führenden Leute bei uns, dass damals ein Konföderationsgedanke illusorisch gewesen ist. Er tauchte zum ersten Mal – nach Ulbricht – bei Falin auf, als wir uns am 24. November 1989 in der Botschaft trafen. Allerdings stelle ich auch fest, dass gelegentlich Konföderation mit Kooperation verwechselt wird.«

Konföderation oder Kooperation, Dichtung oder Wahrheit: Die Quelle Maximytschew kann offenkundig nur mit Vorsicht und nicht ohne kritische Einlassung zitiert werden. So auch bei den von ihm repetierten

Überlegungen, welche man angeblich Unter den Linden über erwartete personelle Veränderungen an der Spitze der DDR angestellt habe. Diese korrespondieren zweifellos mit den Gedankenspielen in Moskau, im Wesen verhalten sich die Sowjetbotschaft und der Kreml wie kommunizierende Röhren. Die Meinungen gleichen sich wechselseitig aus und an, der Pegel ist stets identisch. Was in Moskau gesagt und gedacht wird, ist Meinung in Berlin – und umgekehrt. So wolle man laut Maximytschew denn zu einem sehr frühen Zeitpunkt als Nachfolger des Ministerpräsidenten Willi Stoph einen Staatssekretär aus dem Ministerium für Außenhandel ausgemacht haben. Als jahrzehntelanger Unterhändler der DDR verfügt dieser wie kein zweiter Politiker über beste Kontakte zu führenden Persönlichkeiten in der Bundesrepublik. Er hat bei ihnen einen guten Leumund, gilt als verlässlich und berechenbar.

Diesem Alexander Schalck-Golodkowski vertraut man im Westen, und auch Moskau tut es: Er ist schließlich ein halber Russe. Sein leiblicher Vater war Rittmeister unterm Zaren. Er floh vor den Bolschewiki und bekam erst zu Beginn des Krieges gegen die Sowjetunion die deutsche Staatsbürgerschaft. Als Hauptmann der Wehrmacht leitete Pjotr Golodkowski in Berlin eine Schule für Militärdolmetscher, im Sommer 1945 geriet er in sowjetische Kriegsgefangenschaft, danach galt er als verschollen. Politisch hat der Genosse Staatssekretär Alexander Schalck-Golodkowski zwar nichts mit seinem Vater am Hut, wohl aber viele slawische Elemente in sich: selbst die Neigung, ordentlich zu feiern. Was unschwer auch an seinem Habit auszumachen ist. Da wirkt er so barock wie sein im Vorjahr verstorbener Spezi Franz Josef Strauß, mit dem er – was in der Politik selten vorkommt, erst recht nicht, wenn man in politisch befeindeten Lagern steht – nahezu befreundet war. Das Haus der Familie Strauß stand und steht ihm jederzeit offen, hatten die erstaunten Geheimdienste auf beiden Seiten in Erfahrung gebracht.

Für Moskau ist darum Alexander Schalck-Golodkowski als künftiger Ministerpräsident der DDR nicht nur bei Botschafter Kotschemassow, wie Maximytschew meint, eine gesetzte Größe. Allerdings weiß man auch, dass dieser – bei aller politischen Zuverlässigkeit – ein sehr kreativer Kaufmann ist. So erinnert man sich in Moskau etwa an 1982, als Staatssekretär Schalck-Golodkowski im Außenhandelsministerium um Erdöl verhandelte. Gemeinsam mit dem Generaldirektor der Intrac, der größten Handelsgesellschaft im Bereich Kommerzielle Koordinierung (KoKo), wollte er damals eine bestimmte Menge sofort beziehen und erst nach Jahresfrist den vereinbarten Preis zahlen. Das Öl sollte auf dem Weltmarkt gegen Devisen verkauft werden, damit die DDR wieder »flüssig« war. Doch das Politbüro der KPdSU bewilligte nicht 365 Tage Zahlungsaufschub, sondern nur neunzig. Offensichtlich hatte man Schalcks Absicht durchschaut. Auf der anderen Seite konnte man auch aus anderen Gründen nicht nachgeben. Erst wenige Monate zuvor hatte ZK-Sekretär Russakow in einem Gespräch mit Honecker in Berlin nebulös von einem »großen Unglück« gesprochen, das die Sowjetunion heimgesucht habe. Und er hatte die DDR aufgefordert, »die Folgen dieses Unglücks mit uns gemeinsam zu tragen«. Das sah dann so aus, dass die vertraglich zugesagte Lieferung von 19 Millionen Tonnen Erdöl um zwei Millionen gekürzt worden war ...

Allerdings widersprechen nicht wenige auch dieser Darstellung von Maximytschew. Schalck genoss in Moskau keineswegs hohes Ansehen, im Gegenteil: Nicht wenige sollen ihn wegen seiner nachweislichen kaufmännischen und politischen Erfolge im Westen gehasst haben, und es wird auch in Abrede gestellt, dass der Kreml ihn als Ministerpräsidenten ausgeguckt habe. Die Idee wurde zuerst in kleiner Runde in Berlin geboren, erst danach habe Krenz Kotschemassow diese Überlegung wissen lassen. »Er kennt sich in der Ökonomie aus und im Umgang mit der BRD. Beides brauchen wir.«

Als die DDR-Volkskammer am 13. November 1989 jedoch nicht Schalck-Golodkowski, sondern Modrow zum Ministerpräsidenten wählt und mit der Regierungsbildung beauftragt, schreibt Maximytschew über die Reaktion seines Chefs Kotschemassow: »Die Wahl Hans Modrows überraschte ihn, wie übrigens die meisten Beobachter.«

Auch darin scheint Maximytschew zu irren. »Dass für ihn die Wahl Modrows zum Ministerpräsidenten überraschend kam, wundert mich«, sagt Krenz. »Auch darüber hatte ich mit Kotschemassow gesprochen.«

Diese »Überraschung« wurzelt vielleicht auch in der Unkenntnis über eine eigene Geheimdienstoperation, die unter der Bezeichnung »Lutsch« seit einigen Jahren über Anatoli Nowikow läuft. Der Leiter der Außenstelle des KGB in Berlin-Karlshorst war unter Gorbatschow in diese Funktion gekommen und beauftragt, sogenannte Einflussagenten zu rekrutieren, also Persönlichkeiten aus verschiedenen gesellschaftlichen Bereichen zu gewinnen, die die DDR im Sinne Moskaus beeinflussen sollten.

Die Langzeitoperation »Lutsch« begann schon vor Jahrzehnten, 1974 war die dafür zuständige KGB-Abteilung in Karlshorst in den Rang einer Direktion erhoben worden. Ihr Augenmerk galt vornehmlich den Stimmungen im Lande, in der SED, den inoffiziellen und privaten Verbindungen in die Bundesrepublik. Erst als in der

Sowjetunion der von Gorbatschow losgetretene Um- und Abbruch von der Honecker-Führung zunehmend kritischer gesehen wurde und erkennbar war, dass Berlin die Gefolgschaft verweigerte, begann Karlshorst konspirativ mit »Lutsch« aktiv zu werden. In späteren Veröffentlichungen wurden Namen genannt wie Markus Wolf, Hans Modrow, Klaus Höpcke und André Brie, die aber ausnahmlos den Darstellungen widersprachen. Sie seien weder diesbezüglich kontaktiert noch informiert worden. Hans Modrow schreibt in seinen Erinnerungen (»Ich wollte ein neues Deutschland«, 1999), dass es sich um eine Ente handele, die von zwei namentlich bekannten West-Journalisten in die Welt gesetzt worden sei. Laut Reuth und Böhnke sei am 18. Juni 1987 im Beisein des Vize-Chefs des KGB, Wladimir Krjutschkow, bei Manfred von Ardenne mit Hans Modrow und Markus Wolf in Dresden ein Komplott zum Sturz Honeckers geschmiedet worden. Diese Lüge sei später von anderen kolportiert worden, insbesondere Schabowski habe zu deren Verbreitung maßgeblich beigetragen, so Modrow.

Krenz pflichtet ihm diesbezüglich bei: Es stimme zwar, dass Krjutschkow 1987 in Dresden gewesen sei, »aber erstens nicht mit Markus Wolf, sondern mit Werner Großmann, und zweitens waren sie nicht bei Hans Modrow, sondern bei Manfred von Ardenne.« Da nämlich der 1. Sekretär des Bezirksleitung der SED, Hans Modrow, nicht im Dienst gewesen wäre, sei der KGB-Mann vom 2. Sekretär empfangen worden.

Aus der Tatsache nun, dass Generaloberst a. D. Markus Wolf im Juli 1989 in Moskau nicht nur Gespräche mit hochrangigen KGB-Mitarbeitern, sondern auch mit Spitzenfunktionären der KPdSU wie Portugalow, Koptelzew und Falin führte, leiteten später manche den spekulativen

Schluss ab, dass Wolf nicht nur für »Lutsch« gewonnen, sondern in der Nachfolge Honeckers gar Generalsekretär werden sollte. Wolf wies solche Spekulationen in einem Interview mit dem *Neuen Deutschland* am 10. Juli 1990 zurück, er sei nie von einer Gruppe »Lutsch« angesprochen worden. »Damit es keine Missverständnisse gibt: Ich bin nie direkt in irgendeiner Weise ermutigt worden, als Gorbatschow-Mann eine innere Opposition zu bilden.«

Es gibt Äußerungen, die sowohl bestätigen als auch dementieren, dass Wolf Honecker habe beerben sollen. So heißt es, dass die Politbüromitglieder Werner Krolikowski und Willi Stoph wiederholt bei Gorbatschow auf eine Ablösung Honeckers gedrungen hätten, doch laut Iwan Kusmin, von 1984 bis 1991 Leiter der Informationsabteilung des KGB in Berlin, habe Gorbatschow auf solche Ansinnen nie reagiert. Als Politbüromitglied Werner Krolikowski beispielsweise Ende 1986 einen solchen Vorstoß bei Kotschemassow führte und Moskau aufforderte, die gesamte Führung der SED auszuwechseln, entgegnete dieser: »Die Zeiten sind vorbei, als wir Generalsekretäre absetzten und ernannten.« (vgl. Kotschemassow, »Meine letzte Mission«, 1994)

Nicht nur Egon Krenz sieht das alles ein wenig anders, ihm ist ohnehin zuviel Verschwörungstheorie und Geheimdienstwichtigtuerei bei den Darstellungen dieser Vorgänge im Spiel. Natürlich sei selbst unter Gorbatschow die Souveränität der SED und der DDR unverändert eine sehr kontrollierte, um nicht zu sagen eingeschränkte gewesen.

Auch Generalleutnant a. D. Pawel A. Sudoplatow, einst Vize-Chef der sowjetischen Auslandsaufklärung, bestätigte, dass Gorbatschow 1989 durchaus die Absicht gehabt hätte, Honecker die Macht zu entziehen in der

Annahme, auf diese Weise den Sozialismus in der DDR zu stärken.

Wie auch immer: Manches lief 1989 in den Geheimdienstkulissen, und viele Köche waren daran beteiligt. Die Regeln der Konspiration verhinderten, dass die einen von den anderen wussten, und die Frage, wer von den erkennbar agierenden Personen eigen- und wer fremdbestimmt handelte, ist heute so wenig zu beantworten wie damals, zumal nicht wenige der Beteiligten inzwischen verstorben sind und die Akten der westlichen Dienste, die ja an diesem großen Spiel mitbeteiligt waren, ebenso verschlossen sind wie die des KGB.

Egon Krenz hatten die sowjetischen Geheimdienst-Genossen offenkundig nicht auf ihrem Zettel. Seine Wahl zum Generalsekretär am 18. Oktober 1989 brachte die »Lutsch«-Linie, sofern überhaupt existent und keine Erfindung von Journalisten, ein wenig durcheinander. Den Rest besorgte die Demonstration am 4. November auf dem Berliner Alexanderplatz, wo Markus Wolf eine gellende Abfuhr erhielt. Spätestens dort wurde den Karlshorster konspirativen Strippenziehern bewusst: Das läuft aus dem Ruder, einen SED-Generalsekretär Markus Wolf würde es nie geben – sofern, noch einmal, diese Überlegung überhaupt bestand.

Mit der Wahl von Hans Modrow zum Ministerpräsidenten Mitte November erledigt sich nicht nur Schalcks politischer Aufstieg, es beginnt sein Absturz. Keine drei Wochen später wird er mit Haftbefehl gesucht, er flieht Hals über Kopf aus der DDR, die dem Untergang geweiht ist. Nur Gorbatschow sieht das nicht so.

In einem Schreiben an die drei westlichen Staats- und Regierungschefs der sogenannten Vier Mächte, die seit 1945 unverändert Macht in Deutschland ausüben, lässt er diese am 25. November wissen (und beantwortet damit auch die Herbert Krolikowski von Maximytschew in den Mund gelegte Frage zum künftigen Platz der DDR in der sowjetischen Außenpolitik): »Die Entwicklung in der DDR hat zahlreiche Spekulationen über die ›deutsche Frage‹, über die Aussichten einer Vereinigung Deutschlands in die Welt gesetzt. Wir sind fest überzeugt, dass die Existenz und Entwicklung der DDR über all diese Jahre die wichtigste Garantie des europäischen Friedens, des Gleichgewichts und der Stabilität war und bleibt. Die DDR als ein souveräner Staat, als Mitglied des Warschauer Vertrags ist nach wie vor unser strategischer Verbündeter in Europa.«

Kotschemassow teilt diese Überzeugung. »Unsere Lebensinteressen sind mit der DDR mehr verbunden als mit irgendeinem anderen europäischen Land. Die Wiedervereinigung kann unmöglich zugelassen werden«, zitiert ihn Maximytschew unter dem 30. November 1989.

Noch am 4. Dezember 1989 schärft Gorbatschow dem DDR-Ministerpräsidenten Modrow ein: »Keine Wiedervereinigung, keine Konföderation, unter keinem Vorwand! Genug von Rückzügen! Ihr habt die Macht, gebraucht sie!« Und Botschafter Kotschemassow fügt gleichsam warnend an, als er davon hört, dass das Ministerium für Staatssicherheit aufgelöst und in ein Amt für Nationale Sicherheit verwandelt werden soll: »Die Demontage der MfS-Organe ist sehr gefährlich.«

Da jedoch ist Schalck-Golodkowski, MfS-Offizier im besonderen Einsatz im Range eines Oberst, bereits aus dem Dienst entlassen, entpflichtet sozusagen, was der DDR-Staatssekretär a. D. Schalck-Golodkowski als Verrat an ihm empfindet. Seine Vorgesetzten hätten ihn fallen lassen, als sei er eine heiße Kartoffel. Aus Angst um sein Leben und das seiner Frau Sigrid flüchtet er sich am

Abend des 6. Dezember 1989 in die JVA Berlin-Moabit. Im Knast des Klassenfeinds wähnt er sich sicher.

Danach überzieht ihn dessen Justiz mit etwa einem halben Hundert Ermittlungsverfahren, keinem anderen DDR-Bürger versucht die BRD-Justiz soviel am Zeug zu flicken wie ihm. Die meisten Ermittlungsverfahren werden eingestellt, 1999 ist auch die letzte Sache ausgestanden. Danach, kurz vor der Jahrtausendwende also, offenbart er seine ungebrochene Liebe zu jener Stadt, wo er im Sommer 1932 zur Welt kam. »Irgendwann gehen meine Frau und ich vielleicht zurück nach Berlin.«

Sigrid und Alexander Schalck-Golodkowski wohnen noch immer in Rottach-Egern am Südufer des Tegernsees. Die Wahrscheinlichkeit, dass es ein Irgendwann geben wird, scheint gering.

Unverändert aber kursieren Gerüchte über diesen Mann. Wenn sein Name in den Medien genannt wird, dann stets mit dem Zusatz »Devisenbeschaffer«. Die harmloseste Form seiner Diffamierung ist die Distanzierung, die gebräuchlichste seine Verteufelung. In seiner Person konzentriert sich in der Wahrnehmung durch die schlichteren Gemüter, die in diesem Lande offenbar die Mehrheit stellen, alles vermeintlich Schlechte, was diese DDR hervorgebracht hat. Nicht einer stellt sich die Frage, was beispielsweise Franz Josef Strauß, der bekanntlich kein Dummkopf war, an diesem Manne geschätzt hat – und warum? Wenn er jener Schuft und Ganove war, als der Schalck-Golodkowski den meisten hierzulande gilt, dann dürfte sich der CSU-Vorsitzende und Ministerpräsident Bayerns kaum so intensiv mit ihm beschäftigt haben wie er es tat. Vielleicht trifft es ja zu, dass Stockkonservative im Umgang mit Menschen, auch wenn sie ihre Feinde sind, sich mitunter doch so verhalten, wie es ihnen ihr christlicher Glauben aufträgt: den Nächsten zu lieben wie sich selbst. Auch wenn dieser ein Kommunist ist wie Schalck-Golodkowski. Aber vermutlich war Strauß auch in dieser Hinsicht eine Ausnahme. Die Regel ist: Die meisten Politiker haben nicht sein Format. Oder eben das von Schalck, der sich allerdings nie als Politiker, immer nur als Ökonom sah.

Es ist lange überfällig, einmal sachlich zu berichten über diese Person der Zeitgeschichte, die die Medien zu einer einzigartigen Hassfigur stilisierten, welche in der nationalen Ablehnung aktuell allenfalls noch übertroffen wird von Margot Honecker. Die Korrektur soll mit diesem Buch versucht werden. Auch wenn die beiden Autoren trotz ihrer ziemlich guten Kontakte zu Alexander Schalck-Golodkowski die Antworten auf die beiden Fragen schuldig bleiben, die viele unverändert bewegen: Warum ist er in den Westen geflüchtet, und weshalb hat er mit dem BND gesprochen?

Zudem sind sie sich der Gefahr bewusst, dass manche Überlegung neuerliche Spekulationen provozieren wird. Doch Schalck hat, im Unterschied zu anderen, nichts mehr zu verbergen, ihm kann es egal sein.

Aber vielleicht finden sich manche Auskünfte auch zwischen den Zeilen. Die zu lesen die Ostdeutschen trainierter sind als etwa ihre westdeutschen Landsleute, zu denen sich Schalck niemals rechnete, auch wenn er ein halbes Jahr früher als seine Weggefährten im Osten zwangsweise wie diese Bundesbürger wurde.

Frank Schumann und Heinz Wuschech
Berlin, im Frühjahr 2012

Woher kommt dieser Doppelname?

Der Bindestrichname verdankt seine Herkunft den Vorfahren und ihren den Zeitläuften geschuldeten Biografien. Deren Umtriebigkeit und Professionen scheinen sich vererbt zu haben, sind also angeboren.

Der Großvater väterlicherseits, Iwan Golodkowski, war ein höherer Finanzbeamter des russischen Zaren in Gomel. Aus dessen Ehe mit einer Landadeligen, von der nur der Vorname bekannt ist – sie hieß Olga – gingen drei Söhne hervor. Einer hieß Pjotr. Er sollte mit 37 Jahren in Berlin Vater von Alexander werden.

Pjotr Golodkowski stieg während des Ersten Weltkrieges zum Ordonnanzoffizier im Armeestab an der russisch-österreichischen Front auf, wurde trotz seines vergleichsweise jungen Alters vielfach ausgezeichnet und wäre gewiss beim Militär geblieben, wenn denn nicht die Oktoberrevolution 1917 einen Strich durch seine Lebensplanung gemacht hätte. Rittmeister Pjotr Golodkowski floh wie manch anderer russischer Zeitgenosse ins westliche Ausland, zunächst nach Danzig.

Dort kam er beim Großhändler Wolkow unter, der in Fischwaren machte. Seine Buchhalterin hieß Agnes Eue, eine Deutsche, die aber gleichfalls aus Russland kam. Deren Vorfahren, Kaufleute aus dem Harz, hatten sich einst in St. Petersburg niedergelassen. Ihr Großvater August betrieb dort eine Streichholzfabrik. Otto Eue, sein Sohn, kehrte jedoch nach Deutschland zurück, heiratete in Hamburg und bekam zwei Kinder – Agnes und Ernst. Die Firma Stinnes trug ihm die Führung ihrer Niederlassung in St. Petersburg an, weshalb Eues neuerlich an die Newa zogen. In St. Petersburg kamen weitere drei Kinder hinzu.

Ernst Eue heiratete Anastasia, eine Russin, und Agnes den Leonid, einen höheren Beamten aus der zaristischen Münze. Was aus den anderen Verwandten wurde, ist weitgehend unbekannt. Überliefert ist lediglich, dass nach der Oktoberrevolution Ernst Eue mit seiner Familie nach Berlin flüchtete, und Agnes, die 1919 Slawa zur Welt gebracht hatte, nach Danzig ging, wo sie – wie schon erwähnt – beim Großhändler Wolkow unterkam. Der Vater ihres Sohnes, Leonid, hatte sich der Roten Armee angeschlossen, was in mancher Darstellung so klingt, als habe er seine Angetraute Agnes und den Säugling sitzenlassen und hätte es vorgezogen, das Kommando über ein Kanonenboot der Roten auf dem Dnepr zu übernehmen statt seine Familie zu ernähren. Merke: Kommunisten sind nicht nur vaterlandslose Gesellen, sie haben auch keinen Familiensinn.

In Danzig kamen sich unter dem Dach des Fischhändlers Wolkow Pjotr Golodkowski und Agnes Eue näher, doch eines Tages tauchte der verschollene Leonid in der Freien Stadt auf und berief sich auf die heiligen Sakramente der kirchlich geschlossene Ehe in Russland. Die Scheidung zog sich lange hin, 1929 aber konnten Agnes und – jetzt – Peter Golodkowski heiraten.

Die Weltwirtschaftskrise erreichte irgendwann auch Danzig, die Firma Wolkow musste schließen. So zog 1930 das junge Glück weiter nach Berlin, wie seinerzeit viele russische Emigranten. Schwager Ernst Eue, inzwischen zu einem Direktor der Siemens-Schuckert-Werke aufgestiegen, mit Villa im noblen Westend und Mietshaus in Treptow, griff den Verwandten aus dem Osten unter die Arme. Er überließ ihnen eine Wohnung in seinem Mietshaus und half wohl auch bei der Übernahme eines Feinkostladens in Moabit. Doch den Berlinern stand in der Krise nicht der Sinn nach Hummer und russischem Kaviar, weshalb das Geschäft bald pleite ging. Daraufhin schlug sich Peter Golodkowski als Taxifahrer durch, seine Frau verdiente etwas als selbständige Masseuse.

Die Eltern Pjotr Golodkowski und Agnes, geborene Eue, in Danzig, 1929

Familienglück in Berlin-Treptow, Winter 1932/33

In jener schweren Zeit, am 3. Juli 1932, einem Sonntag, kam Alexander Golodkowski zur Welt, »Schura«, wie er von den Eltern genannt wurde.

In jenem Jahr, das gemeinhin als das letzte der Weimarer Republik bezeichnet wird, zählte Deutschland mehr als sechs Millionen Arbeitslose, wurde der Österreicher Adolf Hitler deutscher Staatsbürger und der Reaktionär Paul von Hindenburg Reichspräsident, vor dem die KPD treffend, aber folgenlos warnte: Wer Hindenburg wählt, wählt Hitler. Und wer Hitler wählt, wählt den Krieg. In jenem verhängnisvollen Jahr wechselten die Reichskanzler in rascher Folge. Nach Brüning, von Papen und von Schleicher wurde schließlich am 30. Januar 1933 dem Naziführer die Macht übergeben. Die einen meinten, er werde rasch abwirtschaften wie seine Vorgänger, man solle ihn darum gewähren lassen. Die anderen, und deshalb halfen sie ihm auch in den Sattel, hofften auf Steigerung ihrer Profite oder, im Falle der Militärs, auf Befreiung ihrer seit Versailles andauernden Untätigkeit.

Und die Masse der Deutschen, die dem Nazipack am 5. März 1933 die Stimme gab – 43,9 Prozent wählten NSDAP – hofften auf bessere Zeiten.

Diese brachen auch für die Golodkowskis an.

Aber erst nach Kriegsbeginn, insbesondere nach dem Überfall auf die Sowjetunion im Sommer '41, verbesserte sich die soziale Lage der Familie deutlich. Inzwischen zum Seifenvertreter heruntergekommen, rief die Wehrmacht auch Peter G. zu den Waffen. Der Ex-Offizier des Ersten Weltkrieges wurde als Dolmetscher gebraucht und gleich als Hauptmann in die Uniform gesteckt. Damit

Links vorn: Alexander, genannt »Schura«, beim Weihnachtsfest mit Verwandten und Freunden, 1938

schien der Mittvierziger seine eigentliche Erfüllung gefunden zu haben, denn es wird berichtet, dass er sehr schneidig auftrat und auch sonst eine »gute Figur« in der deutschen Uniform machte. Das hing wohl auch damit zusammen, dass ihm – dem bisher Staatenlosen – end-

»Big Alex« bei der Einschulung, 1938

lich wieder eine Staatsangehörigkeit zuerkannt worden war. Seine bis dahin unternommenen Versuche, einen deutschen Pass zu bekommen, waren nämlich ausnahmslos gescheitert.

Selbst der Weg über eine Adoption durch ein kinderloses deutsches Ehepaar hatte nicht zum erhofften Erfolg geführt. Aber die Familie kam so zu ihrem Doppelnamen. Entfernte Verwandte von Agnes G., nämlich Anna und Friedrich Schalck, übernahmen die Vormundschaft über alle drei Golodkowskis.

Allerdings erst als Hitlerdeutschland Kanonenfutter brauchte, bürgerte man Staatenlose wie Peter Golodkowski und Alexanders Bruder Slawa in die deutsche Volksgemeinschaft ein.

Hauptmann Peter Schalck-Golodkowski leitete bis zu deren Auflösung bei Kriegsende die russische Dolmetscherschule der Wehrmacht in Berlin-Moabit.

Die Schalck-Golodkowskis führten ein offenes, gastfreundliches Haus, was angesichts ihrer russischen Herkunft nicht überrascht. Obgleich nie viel in der Haushaltskasse war, wurde gern im großen Kreis gegessen, getrunken, gesungen und getanzt. Nicht zufällig waren die meisten Gäste Emigranten aus dem Osten wie sie. Daheim in Treptow sprach man grundsätzlich nur russisch miteinander, den Sohn rief man nur »Schura«, das war die russische Koseform von Alexander.

Das alles hat zweifellos Alexander Schalck-Golodkowski erheblich geprägt.

Etliche lesen aus diesem biografischen Hintergrund ein großbürgerliches Leben heraus und verweisen auf die traditionsreiche, weltläufige Kaufmannsfamilie der Mutter und auf die russische Aristokratenlinie des Vaters. Wohl wahr, ein proletarischer Stammbaum sieht anders aus. Doch man sollte auf dem Teppich bleiben: In den 30er Jahren waren diese Vorfahren längst schon Geschichte und taugten kaum als Ausweis für eine vermeintlich bourgeoise Vita des »Devisenbeschaffers«.

Was aber unbestritten ist: Das kaufmännische, unternehmerische Talent wurde ihm tatsächlich in die Wiege gelegt. Er war ein begnadeter Händler und, was seine besten Freunde behaupten, kein Politiker, wiewohl Wirtschaft und Politik doch stets eng miteinander verflochten sind. Alexander Schalck-Golodkowski, gewiss, ließ sich für politische Aufgaben in die Pflicht nehmen, da war er verlässlicher Parteiarbeiter, aber wenn es sich einrichten ließ, dann habe er sich vor deren Übernahme gedrückt, sagen jene, die sein Innenleben kennen. Selbst als er Krenz am 17. Oktober 1989 – also noch vor der Wahl zum Generalsekretär – darum bat, unmittelbar nach dessen Amtsübernahme Kontakt zum Chef des Bundeskanzleramtes aufnehmen zu dürfen, ging es nicht primär um Politik, sondern um die Finanzierung von Westreisen. Bonn sollte wissen: Reisen kostet, Westreisen besonders. Schalck rechnete Krenz vor: 1988 waren 7,2 DDR-Bürger in der BRD und in Westberlin – nimmt man den statistischen Durchschnitt von Reisedauer (eine Woche) und Aufenthaltskosten (500 D-Mark), macht das rund 3,5 Milliarden per anno. Das kann sich die DDR nicht leisten. Allein die Zahlungen der Deutschen Reichsbahn an die Bundesbahn würden von 160 auf 500 Millionen im Jahr steigen ...

Nein, ein Politiker war Schalck nicht, und er wäre es auch nie geworden, selbst wenn man ihn zum Ministerpräsidenten der DDR oder zum Wirtschaftssekretär des ZK der SED gemacht hätte.

Kontinuität und Klassenkampf

Die antifaschistisch-demokratische DDR – als Reaktion auf die Gründung eines westdeutschen Separatstaates in der sowjetischen Besatzungszone konstituiert – erfährt im dritten Jahr ihrer Existenz mehrere Zäsuren. Im Juni 1952, auf der 2. Parteikonferenz der SED, wird der Aufbau der Grundlagen des Sozialismus proklamiert, was mit der Auflösung der fünf Länder und der Bildung von vierzehn Bezirken verbunden ist. Der östliche Teil Berlins, sowjetischer oder auch demokratischer Sektor genannt, bleibt Hauptstadt, obgleich Berlin als Ganzes den Vier Mächten unterstellt ist, weshalb weder der Westteil zur Bundesrepublik gehört – worüber in der Folgezeit die Sowjetunion und die DDR aufmerksam wachen – noch der Ostteil zur DDR, weshalb zum Beispiel auf der einen Seite Abgeordnete nicht direkt in den Bundestag gewählt werden dürfen und auf der anderen keine unmittelbar in die Volkskammer. Wenn die DDR in ihrer Hauptstadt eine Parade abhält, protestieren regelmäßig die Westmächte, weil damit gegen den entmilitarisierten Status der Stadt verstoßen wird. Und tritt der Bundestag demonstrativ im Reichstag zusammen, protestiert die Sowjetunion, weil Westberlin nicht von Bonn aus regiert werden darf, denn schließlich liegt die Halbstadt auf dem Territorium ihrer Besatzungszone. Diese wurde nicht, wie gelegentlich behauptet, gegen Thüringen und die Altmark getauscht, welche im Frühjahr 1945 von Amerikanern und Briten befreit worden waren, sondern von den Großen Drei auf der Konferenz in Jalta zum Sitz des Alliierten Kontrollrates bestimmt. Daher wurde den vier Mächten auch jeweils ein Sektor zugestanden – der Sowjetunion die östliche Stadthälfte, weil sie die Hauptlast des Krieges getragen und Berlin befreit und besetzt hatte, den Amerikanern, Briten und Franzosen jeweils ein Drittel der westlichen Hälfte. Aus dieser Konstellation wächst viel Ungemach in den folgenden Jahrzehnten, was nur mit dem Hinweis zu erklären, vielleicht auch zu entschuldigen ist: Alle Siegermächte hielten das lediglich für eine temporäre Lösung, für einen befristeten Übergang – kaum einer ging davon aus, dass die Verbündeten schon bald zu Feinden werden würden. Letztlich sollte sich jedoch bestätigen, dass die Klasseninteressen doch zwingender waren als die Ablehnung von Faschismus und Völkermord und deren kollektive Beendigung.

Schließlich der andere gravierende Einschnitt 1952: Alexander Schalck-Golodkowski, ausgebildeter Mess- und Regeltechniker, beginnt mit 20 Jahren im Ministerium für Außen- und Innerdeutschen Handel zu arbeiten.

Zwischen beiden Ereignissen besteht kein direkter, wohl aber ein kausaler Zusammenhang: Alle Zeichen stehen auf Aufbruch.

Der Jugend Vertrauen und Verantwortung heißt nicht nur die Parole, sondern es ist auch Praxis. Schalck, der Sachbearbeiter, wird im Ministerium Sekretär einer FDJ-Grundorganisation mit 80 Jugendlichen, schließt sich nach dem 17. Juni 1953 aus Überzeugung den Kampfgruppen an, weil er die Revolte als Angriff auf die herrschenden Verhältnisse versteht, übernimmt mit 21 Jahren die Leitung des Bereichs Werkzeugmaschinen, Werkzeuge und Metallwaren in der Hauptabteilung Maschinenbau im Ministerium und fährt schließlich zu seiner ersten Auslandsmesse: vier Wochen Utrecht.

Bei dieser Gelegenheit erlebt der Nachwuchskader Vorgänge, die ihn prägen sollen für den Rest seines Lebens. Er erfährt politisch-ideologisch motivierte Ungerechtigkeit an der eigenen Person. Man muss ihm nun nicht mehr erklären, was Klassenkampf zwischen den Systemen heißt. Vom vermeintlichen Wettstreit der Systeme, was sportiv und fair klingt, spürt der aktive Freizeitringer wenig. Da herrschen Ausgrenzung, Demütigung und Diffamierung.

Für die Messe in den Niederlanden braucht er nämlich ein Visum zur Ausreise und eines für die Einreise.

Die DDR ist ein selbständiger Staat, doch als ein solcher wird er westlich des Harzes nicht anerkannt. Die Bundesrepublik Deutschland reklamiert, für alle Deutschen zu sprechen, auch für die Ostdeutschen, die in der

Der Ringer Schalck-Golodkowski (l.) mit Sportfreunden des Sportklubs Hohenschönhausen, 1952

»Zone« leben. Das ist *terre irredente* für die Adenauer-Regierung in Bonn, unerlöste Gebiete, deren Bürger vorgeblich den Anschluss ans Mutterland, die Bundesrepublik, suchen. Die mit der BRD verbündeten Staaten schließen sich dieser Lesart an. Zwar kann man den ostdeutschen Staatsdienern, Wissenschaftlern, Künstlern, Technikern, Sportlern etc. das Reisen nicht grundsätzlich verbieten, aber ihre Pässe akzeptiert man nicht. Ersatzweise müssen sie im *Allied Travel Board* – einer von den Besatzungsmächten USA, Großbritannien und Frankreich in Westberlin eingerichteten Behörde – befristete Reisedokumente beantragen.

Das klingt harmloser, als es ist. Der Antrag wird mit der Beantwortung zahlreicher Fragen verknüpft, woraus mehr als nur der Anlass der Reise abgeleitet werden kann. (Man ahnt den geheimdienstlichen Hintergrund.) Bereits der kleinste Verdacht einer politisch motivierten Reise genügt, um die Papiere zu verweigern.

Das Travel Board ist ein sehr wirksames Instrument des Kalten Krieges, das nicht nur die angebliche Verbreitung kommunistischer Ideologie verhindert, sondern auch wirtschaftlich der DDR schadet. Die DDR exportiert beispielsweise Werkzeugmaschinen, wozu – wie international üblich – auch Wartungs- und Betreuungsleistungen gehören. Wenn etwa eine Maschine ausfällt, reist umgehend ein Techniker an, um sie wieder zum Laufen zu bringen. Doch auch technische Servicekräfte müssen beim Travel Board um Reisepapiere nachsuchen. Die »Prüfung« solcher Anträge dauert mitunter Wochen – unterdessen steht die Anlage im Ausland still. So verlieren Maschinenexportbetriebe der DDR – und das erlebt Schalck unmittelbar, es ist schließlich sein Bereich – stetig Kunden im westlichen Ausland.

Das Allied Travel Board wird seine diskriminierende Tätigkeit nahezu zeitgleich erst mit Aufhebung der Hallstein-Doktrin einstellen. Das ist Ende der 60er Jahre, als die sozialliberale Regierung unter Kanzler Willy Brandt ihre neue Ostpolitik startet. Die in Rede stehende Doktrin, benannt nach dem Staatssekretär im Auswärtigen Amt Walter Hallstein, fußt auf dem Alleinvertretungsanspruch Bonns und droht Drittstaaten politische und wirtschaftliche Sanktionen an, sofern diese die DDR anerkennen und intensive politische und wirtschaftliche Beziehungen pflegen. Die Hallstein-Doktrin verfolgt unverhüllt die Absicht, die DDR außenpolitisch zu isolieren und wirtschaftlich zu schädigen. Politik und Wirtschaft sind in den westlichen Staaten sichtbar miteinander verknüpft.

Schalck, ein ausgeschlafener Berliner Junge, der Zusammenhänge rasch erfasst, und, sofern er nicht selbst auf den Trichter kommt, assistiert von erfahrenen Genossen, absolviert in den 50er Jahren, in der Hochzeit des Kalten Krieges, seine Universität des Lebens. Beobachtungen und Begebenheiten formen sein Weltbild, das klar strukturiert ist und ihn veranlasst, Partei zu nehmen. Er tritt in *die Partei* ein, in der solche Leute sind wie Erhard Deutsch, Julius Balkow, Erwin Kerber, Hans Mark, Erich Sbriszny, Lore Staimer und Georg Wolgast – Kollegen und Kommunisten aus seiner unmittelbaren Umgebung.

Sein Chef Erhard Deutsch überlebte als Jude Auschwitz, Balkow und Sbriszny kämpften aktiv gegen die Nazis und saßen dafür Jahre in Zuchthäusern, Lore, die Tochter Wilhelm Piecks, war vor den Faschisten ins Exil geflüchtet und ist verheiratet mit dem viel gerühmten General der Internationalen Brigaden in Spanien Richard

31

Staimer. Der Widerständler Wolgast war aus dem Strafbataillon 999 zu den jugoslawischen Partisanen übergelaufen, um mit ihnen gegen die faschistischen Okkupanten zu kämpfen ... Hinter ihnen allen liegen blutige Auseinandersetzungen und vor ihnen eine schwere Zukunft, denn diese DDR, ihr Staat, muss erst mühsam und mit ihrer tätigen Hilfe aus Ruinen auferstehen. Die Mühen bestehen nicht nur aus der Last der Geschichte und den Reparationen, die an die Sowjetunion und Polen zu entrichten sind, sondern auch in den Zwängen und Knebelungen, die der andere deutsche Staat ausübt. Die Irredenta soll befreit werden, also muss das politische Regime in der DDR weg.

Das aber will Schalck gleich seinen Mitstreitern mit allen Mitteln verhindern.

Schon bevor Ende 1949 auf Initiative der USA ein »Koordinationsausschuss für mehrseitige Ausfuhrkontrollen (*Coordinating Committee on Multilateral Export Controls*, kurz CoCom) gegründet worden war, trat man in den Westzonen auf die Bremse, um den sogenannten Interzonenhandel zu unterbinden, zumindest zu behindern. Auf diese Lieferungen von Rohstoffen und Materialien ist man in der sowjetischen Besatzungszone aber angewiesen. Die Industriestruktur in Deutschland wuchs entsprechend den regionalen Gegebenheiten über Jahrhunderte. Eine politische Teilung des Wirtschaftsraumes, wie sie sich nunmehr abzeichnet, erweist sich für den Osten als besonders nachteilig. Versuche der dortigen Führung, die Sowjetunion zu Zugeständnissen zu bewegen – etwa das schlesische Stahl- und Kohlerevier oder den Zipfel Usedoms mit dem Hafen von Swinemünde der SBZ zuzuschlagen – liefen ins Leere. Hinzu kommt, dass die Westzonen ihre Reparationsleistungen schuldig bleiben, woraufhin diese der sowjetischen

Zone zusätzlich aufgebürdet werden. Bis 1954 geht aufgrund von Demontagen etwa 50 Prozent der Industriekapazität, die bei Kriegsende auf dem ostdeutschen Territorium existierte, verloren, die Region SBZ/DDR fällt auf den Stand von 1936 zurück. In Berlin waren schon 1945 an die fünfhundert Betriebe demontiert worden.

Das alles kann man im Nachgang beklagen, nur eines darf man nicht: ausschließlich die Russen dafür haftbar machen. Die Kausalkette lautet nämlich: Errichtung der Nazidiktatur, Überfall auf die Nachbarvölker, Krieg gegen die Sowjetunion, Zerschlagung des deutschen Faschismus durch die Antihitlerkoalition, Potsdamer Abkommen der vier Siegermächte. Das heißt: Die Folgen des Krieges hatte sich das deutsche Volk selbst zuzuschreiben, fast jeder zweite Deutsche, das ist vergessen, weil heute selten daran erinnert wird, hat im Frühjahr 1933 der Nazipartei und deren Programm die Stimme gegeben. Er ist dem Führer nicht nur bis in die Katastrophe gefolgt, sondern hat sie mit anrichten helfen.

An den Kriegsfolgen tragen alle Deutschen, aber besonders jene in der sowjetischen Zone. Dort fanden nicht nur die letzten Schlachten des Krieges statt, dort gibt es traditionell wenig Industrie und fehlen Rohstoffe, dort bedient sich die Besatzungsmacht gemäß der mit den Westalliierten vereinbarten Reparationen, dort sitzt – aus Sicht der Westmächte – der alte und der neue Gegner: der Kommunismus. Seine Ausbreitung soll eingedämmt werden, weshalb die erste Strategie des Kalten Krieges »Containment« heißt. Später würde man ihn mit der NATO zurückrollen wollen (»Rollback«).

Laut Ex-Premier Winston Churchill hatte sich 1945 über Europa ein »Eiserner Vorhang« herabgesenkt, wobei er eine Anleihe bei Nazipropagandist Goebbels nahm.

Der hatte diese Wendung als Erster benutzt, um das christliche Abendland vorm vorrückenden Bolschewismus zu warnen.

Und um diese Demarkationslinie zwischen »Demokratie« und »Diktatur« zumindest punktuell und für dringend benötigte Wirtschaftsgüter durchlässig zu machen, versucht der Kommunist Alfred Binz illegal zu besorgen, was legal nicht von den Westzonen in den Osten geliefert wird. Binz ist einer der Vizepräsidenten der im Februar 1948 auf Befehl der Sowjetischen Militäradministration gebildeten Deutschen Wirtschaftskommission (DWK). Diese Zentralverwaltung der Zone ist zuständig für Industrie, Finanzen, Verkehr, Handel und Versorgung, Arbeit und Sozialfürsorge, Land- und Forstwirtschaft, Brennstoffindustrie und Energie, Interzonen- und Außenhandel sowie für die Statistik. Chef dieser Institution ist Heinrich (»Heiner«) Rau. Die offizielle Bezeichnung von Binz lautet »Stellvertretender Leiter der Hauptverwaltung Materialversorgung in der DWK«.

Bei Gründung der DDR im Oktober 1949 geht die DWK in der Regierung auf oder in diese ein, die führenden Köpfe werden Minister oder Staatssekretäre. Alfred Binz heißt Staatssekretär für Materialversorgung (ab 1967 stellvertretender Minister für Materialwirtschaft). Als zentrales Organ des Ministerrates sichert der von Binz geleitete Bereich die »planmäßige materiell-technische Versorgung der Volkswirtschaft«.

Alfred Binz ist 1951 auch beteiligt an der Ausarbeitung des sogenannten Berliner Abkommens, das erstmals den Interzonenhandel regelt. Zur Vermeidung der Bezeichnung Deutsche Demokratische Republik wird der Vertrag nicht zwischen der DDR und der BRD geschlossen, sondern mit einer Treuhandstelle in Westberlin und zwischen den

»Währungsgebieten der DM-West und der DM-Ost«, wie es im Dokument umschrieben wird. (Bekanntlich lautet die Währung der DDR bis 1964 ebenfalls Deutsche Mark, danach heißt sie für vier Jahre »Mark der Deutschen Notenbank [MdN], schließlich »Mark der DDR« [M].) Das Abkommen unterzeichnet für die DDR Josef Orlopp, Hauptabteilungsleiter im Ministerium für Innerdeutschen Handel, Außenhandel und Materialversorgung. Orlopp, vor 1933 in der SPD und Vorsitzender des ADGB, war bereits in der DWK für den Interzonen- und Außenhandel zuständig. (An den 1960 mit 72 Jahren an einem Herzinfarkt Verstorbenen erinnern in Berlin eine Straße und ein Grabstein in der Gedenkstätte der Sozialisten in Friedrichsfelde.)

Nach Alfred Binz übernimmt Julius (»Jule«) Balkow die schwierige Aufgabe, aus dem Westen jene Waren zu besor-

Außenhandelsminister Julius Balkow (l.) und Schalck, der 1. Sekretär der SED-Kreisleitung des MAH, 1963

gen, die von CoCom indiziert worden sind oder aus anderen Gründen nicht geliefert werden. Mehr denn je versucht insbesondere die Bundesrepublik mit Boykott und Embargomaßnahmen die ungeliebte DDR in die Knie zu zwingen. Am 30. September 1960 beispielsweise kündigt Bonn über seine in Westberlin ansässige »Treuhandstelle für den Interzonenhandel« Knall auf Fall jenes Berliner Abkommen »einschließlich aller Zusatzvereinbarungen zum 31. Dezember 1960«.

»Die CSU-Minister Strauß und Stücklen und der CSU-Abgeordnete Dollinger waren dagegen gewesen, weil eine Kündigung allem widersprach, was bis dahin als vernünftig gegolten hatte«, schrieb dazu der *Spiegel* am 12. Oktober 1960. Die Maßnahme ist die kurzsichtige Reaktion auf die Ankündigung Moskaus nach dem Scheitern diesbezüglicher Gespräche mit den Westmächten, mit der DDR einen separaten Friedensvertrag zu schließen und Berlin als selbständige politische Einheit zu behandeln (»Drei-Staaten-Lösung«).

Diese nunmehr zweite Berlin-Krise – als die erste wurde die Blockade nebst »Luftbrücke« nach der separaten Währungsreform bezeichnet – wird am 13. August 1961 durch den »Mauerbau« gelöst werden, eine Entscheidung, auf die sich Chruschtschow und Kenndy bei ihrem Treffen im Juni 1961 in Wien grundsätzlich verständigten. Es sei ausschließlich Sache jeder Groß- und Führungsmacht, was sie in ihrem Einflussbereich unternehme, sofern nicht die Interessen der anderen Seite davon berührt würden, lautete die Formel. Das aber nur nebenbei.

Der *Spiegel* beruhigte in jenem Beitrag über die Aufkündigung des Berliner Abkommens seine mit Recht beunruhigten und mit den »Brüdern und Schwestern in der Zone« mitfühlenden Leser in der Bundesrepublik.

»Selbst wenn vom 1. Januar 1961 an die westdeutschen Zöllner bei Helmstedt keine Tonne Ruhrstahl mehr nach Mitteldeutschland passieren ließen, stünden den Ostberliner Wirtschaftsplanern immer noch zahlreiche andere Nachschubwege offen.« Denn was hatte man in Hamburg in der Redaktion in Erfahrung gebracht? »Die Einkäufer des DDR-Handelsministers Rau haben in der Vergangenheit bereits solche Umwege erkundet, nämlich den grauen Interzonenhandel über dritte Länder, den Ausbau ihrer Importe aus anderen westlichen Ländern und verstärkte Lieferungen aus dem Ostblock, vorwiegend aus der Sowjet-Union.«

Als erfolgreiches Beispiel führte das Nachrichtenmagazin den Kauf von Stahl Anfang 1957 an. Den Industriellen in Düsseldorf, bei denen die DDR damals für 500 Millionen DM Stahlerzeugnisse einkaufen und gleich bar bezahlen wollte, wurde von Bonn das lukrative Geschäft untersagt. Daraufhin beauftragte die DDR »kurzerhand Händler in Frankreich, England, Belgien, Österreich, der Schweiz und Holland, den Ruhrstahl zu kaufen. Mit einem Aufschlag von 20 Prozent lieferten sie das Gewünschte dann an die Zone weiter.«

Auch wegen Lieferungen aus der Sowjetunion schien den Hamburger Journalisten die Aufkündigung des Abkommens nur begrenzt wirksam, darin wussten sie sich mit Adenauers Wirtschaftsminister Ludwig Erhard einig. Der hatte nämlich in den USA die »freie Welt« zeitgleich dazu aufgefordert, »gegenüber den gesamten Ostmächten ein mehr oder minder totales Embargo« zu verhängen.

Auf der anderen Seite machte das Hamburger Nachrichtenmagazin auch sichtbar, wer hinter dieser Vertragskündigung tatsächlich steckte. »Die Amerikaner haben darauf gedrungen, Bonn solle dem Walter Ulbricht endlich die Zähne zeigen, weil die amerikanische Öffentlichkeit kein Verständnis dafür habe, dass Bonn mit dem Peiniger Berlins Handel treibe.« (Wie der weitere Gang der Geschichte zeigt, sind die beiden deutschen Staaten tatsächlich nur Schachfiguren im Spiel der beiden Großmächte. Sie diktieren das Verhalten ihrer jeweiligen Verbündeten.)

Die DDR reagiert auf die Kündigung des Vertrages sehr souverän. »Kommt es zu einem neuen Vertrag, hat Ulbricht reelle Chancen, sich auf dem Weg zu internationaler Anerkennung ein Stück vorzurobben. Erregt beschwor der CSU-Abgeordnete Baron Guttenberg auf den Stufen des Bonner Bundeshauses deshalb den CDU-Fraktionsvorsitzenden Heinrich Krone, hart zu bleiben: ›Sonst sitzen wir in der Patsche und müssen mit Ulbricht verhandeln.‹ Kommt es aber zu keinem neuen Vertrag, drohen Westberlin vom 1. Januar 1961 an mannigfache Versorgungsprobleme. Die DDR hat bis dahin ein Vierteljahr lang Zeit, sich in Ruhe nach neuen Handelspartnern umzusehen«, hieß es abschließend im *Spiegel* 42/1960. (Nur am Rande: Bei dem CSU-Abgeordneten Karl Theodor Maria Georg Achaz Eberhardt Josef Freiherr von und zu Guttenberg handelte es sich um den Großvater des nachmaligen Plagiators und Bundesverteidigungsministers Karl-Theodor zu Guttenberg. Auch dies ein Beleg für die Kontinuität deutscher Geschichte und der von Klassenlinien.)

Organisator der erfolgreichen Anstrengungen der DDR, die von der Bundesrepublik verhängten Embargomaßnahmen zu unterlaufen, wird – in der Nachfolge von Alfred Binz – Julius Balkow, ein ehemaliger Sozialdemokrat aus der Widerstandsgruppe um Anton Saefkow, 1944 von den Nazis zu sieben Jahren Zuchthaus verurteilt, »Brandenburger« wie Erich Honecker. Balkow kam 1951 ins Ministerium für Außenhandel und Innerdeutschen Handel. Nach 1956 arbeitete er dort als Stellvertretender, von 1961 bis 1965 als Außenhandelsminister.

Der gelernte Maschinenschlosser Balkow ist nicht nur als Wirtschafts- und Handelsexperte unterwegs, sondern, wie die *Frankfurter Allgemeine Zeitung* in den 60er Jahren schreibt, auch »als Unterhändler Ulbrichts zwischen Brüssel und Brasilia, Kairo und Helsinki, Moskau und Algier«. Er vertrete die DDR-Interessen »mit Augenmaß und wirtschaftlicher Vernunft«. Dazu gehörten auch Geschäfte, wie sie unter und zwischen kapitalistischen Staaten üblich waren und sind. So kauft Balkow beispielsweise über Strohmänner Schiffsladungen mit billigem US-Getreide, dirigiert sie nach Hamburg und veräußert sie dort gegen Devisengewinn weiter. Oder er verkauft Spirituosen und Zigaretten an schwedische und dänische Unternehmen, die mit Schnellbooten und unter Umgehung des Zolls über die Ostsee gebracht werden. Als das

Schalck (r.) mit einer Handelsdelegation der DDR in Ägyptens Hauptstadt Kairo, 1959

Politbüro davon Wind bekommt, wird der Schmuggel allerdings gestoppt.

Balkows Verabschiedung als Minister Mitte der 60er Jahre – woran, wie es hieß, die »jungen Technokraten« Günter Mittag (41) und Werner Jarowinsky (40) nicht ganz unbeteiligt seien – fällt zeitlich zusammen mit den ersten Vorschlägen Alexander Schalck-Golodkowskis zur Erwirtschaftung von DDR-Devisen durch den Einsatz von Staatsreserven bei Geschäften an internationalen Warenterminbörsen und ersten erfolgreichen Spekulationen mit Kupfer auf dem Weltmarkt.

Der 1. Sekretär der SED-Kreisleitung des Ministeriums für Außenhandel, der Schalck seit 1962 ist, fühlt sich nicht nur verantwortlich für rund fünftausend Genossen im Ministerium, sondern auch für die wirtschaftliche Lage des Landes. Die Erfahrungen des Wirtschaftskrieges des Westens gegen die DDR bestimmen seine Haltung und Überzeugung. Schalck-Golodkowski nahm am VI. Parteitag der SED 1963 teil und stimmte mit den anderen Delegierten für ein Reformkonzept, das Neue Ökonomische System der Planung und Leitung. Es habe ihn motiviert, geradezu euphorisiert, wird Schalck-Golodkowski später einmal erklären.

Dieser Parteitag, vor allem aber jenes Programm der Modernisierung von Partei und Gesellschaft, signalisiert einen neuen Aufbruch. Durch die Schließung der Grenze 1961 kann die DDR nunmehr ohne direkte Störung von außen nach ihren Vorstellungen das Land und die Gesellschaft gestalten. Mit dem Sturz Chruschtschows 1964, der Ulbrichts Reformeifer nicht nur tolerierte, sondern auch stützte, ändert sich allerdings das Verhältnis zwischen Moskau und Berlin, das Vertrauen Breshnews zu Ulbricht ist nicht annähernd so groß wie das seines Vor-

Mit Grenzsoldaten am Potsdamer Platz in Berlin, 1962. Dieses Areal wird Schalck Jahre später an Westberlin für 31 Millionen verkaufen und Moskau damit verärgern

gängers. Bereits auf dem 11. Plenum 1965 wird die von der Führungsmacht gewünschte Kurskorrektur der SED sichtbar. Jene ZK-Tagung wird später als »Kahlschlag-Plenum« postuliert, weil dort der ZK-Sekretär Erich Honecker gegen Künstler polemisierte, in der Folge werden etliche Filme, Theaterstücke, Bücher und Musikgruppen indiziert. Tatsächlich aber ist es ein Wirtschaftsplenum, auf dem die zweite Etappe des Neuen Ökonomischen Systems der Planung und Leitung beschlossen werden soll.

Obgleich sich das DDR-Reformkonzept an Lenins Neuer Ökonomischer Politik orientiert, sieht die Breshnew-Führung diesen Versuch der SED, sich merklich von dem sowjetischen Modell abzusetzen, sehr kritisch. Auf diesem Plenum wird also die erste öffentliche Attacke gegen Ulbrichts Pläne geritten, à la longue führt die Ablehnung seines Kurses zu Ulbrichts Sturz 1970/71.

Das aber liegt noch in der Ferne, als vor dem Hintergrund eines neuerlichen gesellschaftlichen Aufbruchs der Parteifunktionär und Außenhändler Alexander Schalck-Golodkowski Vorschläge macht, die schließlich zur Bildung des Bereichs Kommerzielle Koordinierung (KoKo) im Ministerium für Außenhandel am 1. April 1966 führen.

In gewisser Weise übernimmt Schalck-Golodkowski den Staffelstab von Alfred Binz und Julius Balkow, als er Chef von KoKo wird. Er teilt deren politische Überzeugung, er besitzt deren Kreativität und ihre Fantasie im Umgang mit Handelshemmnissen und Beschränkungen, ist gleich ihnen nicht nur Kaufmann, sondern auch politischer Unterhändler.

Aber hinsichtlich der Organisationsfähigkeit übertrifft er sie alle. Da ist Alexander Schalck-Golodkowski, sagen alle, die seine Vorgänger Binz und Balkow und ihn aus der Zusammenarbeit kennen, ein Genie.

Schalcks Grenzen

Der Untergang der DDR ist weder von einem Genie noch von einer Gruppe genialer Politiker zu verhindern gewesen. Und wenn das Gesamtresultat negativ ist, können folgerichtig auch nicht die einzelnen Posten positiv gewesen sein: Dann wären es schließlich auch die Abschlussbilanz und die DDR noch existent.

Darum kommt man nicht umhin – bevor auf einzelne Geschäftsfelder und erfolgreiches Handeln dieser in jeder Hinsicht überragenden Persönlichkeit eingegangen wird –, auch einen kritischen Blick auf ein Vierteljahrhundert KoKo und dessen Kopf zu werfen.

Schalcks Funktion stand in den 60er Jahren in der Geschäftstradition von Binz und Balkow. Das soll sich in den 70er Jahren ändern. Mit dem Sturz Ulbrichts endet definitiv auch dessen Reformkonzept. An die Stelle des Neuen Ökonomischen Systems tritt die Einheit von Wirtschafts- und Sozialpolitik, auf dem VIII. Parteitag der SED 1971 von Honecker als »Politik der Hauptaufgabe« formuliert. Haben bis dato Binz, Balkow und Schalck Devisen- und Import-Löcher gestopft, die durch Maßnahmen des Westens, Lieferengpässe des Ostens und eigene Problem akut entstanden, so wird KoKo zunehmend zu einer festen ökonomischen Größe, die systematisch und kontinuierlich Devisen erwirtschaften muss, um das planmäßig wachsende Defizit im Staatshaushalt auszugleichen. Daneben müssen Technik und Technologien beschafft werden, die legal von der DDR nicht erworben werden können. Die CoCom-Verbotsliste wird

Auf einer Faschingsfeier 1974 bei Rechtsanwalt Wolfgang Vogel (2. v. l.) lernte Wuschech Schalck kennen

alljährlich länger. Zudem steigen stetig Rohstoffpreise und Aufwendungen für die Hochrüstung, an denen entsprechend der Bündnisverpflichtungen sich die DDR etwa mit Forschungen in Jena bei Carl Zeiss oder mit Robotron in Dresden beteiligt.

Zudem ist Schalck als Honeckers politischer Unterhändler in die mit dem Grundlagenvertrag 1972 in Gang gekommenen inoffiziellen Gespräche zwischen Berlin und Bonn eingebunden. Damit weitet sich sein Tätigkeitsfeld erheblich.

Wie dies dann konkret aussieht, weiß sein Arzt und Freund Heinz Wuschech anschaulich zu berichten.

Die beiden lernen sich im Sommer 1974 auf einer Feier bei Wolfgang Vogel kennen. Der Rechtsanwalt ist nicht nur Honeckers Unterhändler in humanitären Belangen, sondern auch Wuschechs Patient. Ärzte hassen es, selbst auf Parties mit gesundheitlichen Problemen behelligt zu werden. Aber es ist wohl unausweichlich, dass jede noch so private Zusammenkunft zur Sprechstunde gerät. Das ist wohl überall auf der Welt so, wie wir spätestens seit Kubricks letztem Film »Eyes Wide Shut« wissen.

Schalck klagt bei Wuschech über Schmerzen im Knie, was er selbst auf sein Übergewicht schiebt, und über Kreislaufprobleme. Wuschech lässt ihn daraufhin im sportmedizinischen Leistungslabor von Dynamo Berlin auf Herz und Nieren prüfen, die Resultate fordern eine drastische Gewichtsreduzierung durch Ernährungsumstellung und reichlich Bewegung. Im Keller in Schalcks Wohnhaus in der Berliner Manetstraße wird ein Hometrainer installiert, und Wuschech überwacht regelmäßig den Ritt auf dem Fahrradergometer. Gehetzt von Terminen, stets in Zeitnot, trampelt Schalck mehrmals in der Woche zwei Stunden, und Wuschech steuert aufgrund der Puls- und Blutdruckwerte die Belastung. Dabei redet man über Gott und die Welt, was schließlich zu einer Freundschaft führt, die allen Belastungen standhält. Eben weil es eine Freundschaft ist und kein auf wechselseitigen Zugewinn eingegangenes Zweckbündnis.

Oft springt Schalck, so Wuschech, vom Rad, weil ein Minister am Telefon etwas von ihm will, oder weil er irgendwelche Papiere unterzeichnen muss, die ein Kurierfahrer vorbeibringt. Schalck ist ein Getriebener, ohne jedoch darüber zu klagen oder unzugänglich zu sein. Denn das unterscheidet ihn auch von seinesgleichen: Er kann (und will) zuhören. Er interessiert sich tatsächlich für die Belange jedes Einzelnen, der an ihn herantritt. Das ist sein Vorzug und zugleich sein Dilemma. Wer Schalcks Ohr hat, hat ihn auch ganz. Wozu er auch selber einlädt. Als Visitenkarte hinterlässt er bei nahezu jedem das ernst gemeinte Angebot: Wenn du mal was brauchst, melde dich ... Daran erinnern sich alle.

Die DDR wird in wirtschaftspolitischer Hinsicht von einem Triumvirat geführt: Honecker, Mittag, Schalck-Golodkowski. An den Generalsekretär kommt man kaum heran, Mittag ist unnahbar, mit dem, so weiß jeder, der ihn je erlebte, kann man nicht reden. So fokussiert sich alles auf den leutseligen, umgänglichen Schalck. Jeder, der ein Bewerbchen hat, spricht bei ihm vor: von Wolfgang Berghofer über Walter Womacka und Karl-Eduard von Schnitzler bis hin zum Kombinatsdirektor oder Klinikchef.

Die Zentrale von KoKo in der Wallstraße in Berlin-Mitte, Zustand 2012

Schließlich muss Schalck doch unter Wuschechs Messer im Krankenhaus in Weißensee. Der operiert ihn am Meniskus, und anders als andere prominente Personen, die ohne ein Wort des Dankes die Klinik verlassen, ist er selbst der letzten Schwester dankbar, dass sie sich um ihn gesorgt hat. Bis zur Wende, mehr als zehn Jahre lang, schickt er fortan am Frauentag, am Tag des Gesundheitswesens und zu Weihnachten jemanden mit Blumen und kleinen Aufmerksamkeiten für die Schwestern auf die Station. Ohne Anlass, einfach so.

Als Dietmar Keller, Ex-Kulturminister, sich bei Wuschech Anfang der 90er Jahre unters Messer begibt und von dessen Verbindung zu Schalck hörte, reagiert der entsetzt. »Glauben Sie ihm etwa? Alles, was der Ihnen erzählt, dient der Rechtfertigung. Er war ein Freibeuter in der DDR und mitschuldig an deren Untergang.«

Die Gespräche mit dem einstigen SED-Kulturfunktionär bleiben Wuschech in unangenehmer Erinnerung. Keller kolportiert die Phrasen und Plattheiten aus der Presse, als nehme er sie für bare Münze, was Wuschech insofern befremdet, als Keller es eigentlich besser wissen sollte: Er war dabei und kam nicht erst nach dem Untergang der DDR zur Welt und zur Besinnung. Auch Kellers Kulturministerium profitierte von Schalcks Tätigkeit: Autos, Auslandsreisen, Trommelstöcke, das ganze Spektrum der Klagen und des Mangels aus dem Kulturbereich haben der KoKo-Chef und seine Unternehmen zur vollsten Zufriedenheit bedient. Die Regensburger Domspatzen hätten in der Thomaskirche zu Leipzig – wo Keller einst in der SED-Bezirksleitung saß – so wenig gezwitschert wie das Dresdner Staatsschauspiel nach München ins Residenztheater gereist wäre. Ohne das Zutun von Schalck-Golodkowski und Franz Josef Strauß hätten das

Bayerische Nationalmuseum nicht in Dresden und die Staatliche Kunstsammlung Dresden nicht in München ihre Kostbarkeiten präsentieren können ...

Strauß und Schalck hätten sich mit dem Milliardenkredit Millionen in die Tasche gesteckt, mokiert sich Keller, worauf Wuschech kontert: Genau darüber habe er mit Schalck wiederholt geredet. »Weder Strauß noch ich haben für diese finanzielle Transaktion auch nur einen Pfennig Provision bekommen«, habe Schalck ihm erklärt. Das sei auch schon aufgrund der technischen Abläufe nicht möglich gewesen: Ein Bankenkonsortium im Westen und die Außenhandelsbank der DDR waren daran beteiligt – wie hätte man da was abzweigen sollen?

Keller bleibt dabei: KoKo sei eine Art Geheimbund zum Ausverkauf der DDR und zur Bereicherung einiger weniger Personen gewesen und basta.

Er hat damit objektiv unrecht, weil er politisch falsch liegt. Und subjektiv erst recht, weil er seinen einstigen Genossen kriminelle Energie unterstellte, die diese nicht besaßen.

Richtig ist, und dessen war und ist sich auch der Unternehmer Schalck-Golodkowski bewusst: Unternehmerisch zu handeln, bedeutet immer, eine Wette auf die Zukunft abzuschließen. Dieser Grundsatz galt zu allen Zeiten und in allen Systemen, er ist ideologiefrei. Und offenbart in seiner Negation den entscheidenden Webfehler des Sozialismus sowjetischer Prägung: zu glauben, dass die Politik alle Gesetze des Marktes außer Kraft setzen könne. Dieser Denkfehler ist vergleichbar dem im Kapitalismus bewusst genährten Irrglauben, dass die Politik das Primat gegenüber der Ökonomie besäße, also dass die (gewählte) Regierung der Wirtschaft vorschreiben könne, was sie zu tun oder zu lassen habe.

Weihnachten in Familie, Berlin 1984

Die Wette auf die Zukunft, es vielleicht doch zu schaffen, schließt das Risiko des Scheiterns mit ein.

Wie sich zeigt, ruinierten auf Dauer die Anstrengungen von Schalck und KoKo, Devisen zur Existenzsicherung der DDR beschaffen zu müssen, die Wirtschaft der DDR. Das geschah jedoch nicht aus subjektiver Kurzsichtigkeit oder gar Vorsatz, sondern war den wachsenden Verbindlichkeiten und der Zinsbelastung geschuldet. Aufgrund der notwendigen Ausfuhren von Waren, die zu Dumping- und meist unter Herstellungskosten verschleudert wurden einzig zu dem Zweck, Devisen um jeden Preis in des Wortes eigentlicher Bedeutung zu erwirtschaften, ging der Binnenmarkt der DDR kaputt. Nicht ausschließlich deshalb, aber eben auch. Mit der Verschleuderung des Volksvermögens der DDR wurde der Wohlstand im Westen finanziert, keineswegs aus freien Stücken oder aus eigener Unfähigkeit, sondern gezwungenermaßen. Und auch weil der Generalsekretär an seinem Programm der Einheit von Wirtschafts- und Sozialpolitik inklusive Subventionen stoisch festhielt.

Von diesem Ausverkauf profitierten beispielsweise Versandhäuser wie Quelle – die folgerichtig pleite gingen, als die DDR nicht mehr lieferte, weil es sie nicht mehr gab. Ganze Staaten gerieten in die Knie, weil der Sozialismus und die DDR sich verflüchtigten. Griechenland bezog von der DDR Industriewaren, sie lieferte die U-Bahn für Athen und installierte das Telefonnetz des Landes – dafür zahlte der Agrarstaat mit dem, was er produzierte: mit Oliven und Öl, mit Käse und Korinthen, die westliche Industrieunternehmen wie etwa Siemens sich weigerten, in Zahlung zu nehmen. Schalck hingegen verkaufte diese Waren in den Westen und erwirtschaftete auf diese Weise jene Mittel, die auch die Griechen nicht besaßen: harte Währung. Später, nach 1990, kriegten die Griechen sie nur noch in Gestalt von Krediten und landeten dort, wo sie heute sind.

Oder als in den 70er Jahren die Nelkenrevolution in Portugal siegte, das Kolonialreich zusammenbrach, von dem das Mutterland bis dahin gelebt hatte, und die »Gefahr« bestand, das aus dem NATO-Staat, in welchem bis dahin eine faschistische Diktatur geherrscht hatte, plötzlich ein antifaschistisch-demokratischer, gar ein sozialistischer Staat werden könnte – etwa analog der Nachkriegsentwicklung im Osten Deutschlands –, da läuteten in allen Hauptstädten des Westens die Alarmglocken. Allen voran die Bundesrepublik und die dort herrschende SPD. Willy Brandt als Vorsitzender der Sozialistischen Internationale (SI) intervenierte persönlich und sorgte dafür, das mit politischem Druck und viel Geld die Sozialistische Partei Portugals aus dem Block der revolutionären Kräfte ausscherte, deren Chef Soares Ministerpräsident wurde und die bereits eingeleiteten Verstaatlichungen der Banken und Konzerne sowie die Landreform rückgängig gemacht wurden. Es wurden viele Kredite aus Westeuropa ins Land gepumpt, um Portugal nicht rückfällig und anfällig für sozialistische Ideen zu machen. Diese Gefahr erledigte sich nach 1990. Seither fordert die Europäische Union, wollen deren Banken das Lissabon aufgedrängte Geld nebst Zins und Zinseszins zurück. Auch Portugal also ist, nüchtern betrachtet, ein Opfer der Spätfolgen des Untergangs des Sozialismus in Europa.

Was wäre gewesen, wenn die DDR 1989 mit gleichem Durchsetzungsvermögen wie die sogenannten Kreditgeber in der EU heute ihre unfreiwillig gewährten Darlehen aus der Bundesrepublik zurückgefordert hätten?

Schalck sprach im November 1989 mit Bezug auf Berechnungen des Bremer Wirtschaftsprofessors Arno Peters von 727 Milliarden D-Mark, die die BRD der DDR aus den bekannten Gründen schulde; die Zinsen und Zinseszinsen hatten in vier Jahrzehnten die Forderungen derart wachsen lassen. Weil die Bundesrepublik nicht zahlte, natürlich nicht, musste die DDR stattdessen Jahr um Jahr selber Kredite aufnehmen, in den 80er Jahren waren das acht bis zehn Milliarden D-Mark per anno, die bei etwa 400 Banken mobilisiert werden mussten.

```
BETR.: -EILFAHNDUNG/VERHAFTUNG-

1. A) 03.12.89
   B) 03.12.89, 1400 UHR
   C) 03.12.89 14.30 UHR

2.
DR. SCHALCK, GOLODKOWSKI, ALEXANDER
GEB. 03.07.1932 IN BERLIN
WOHNHAFT: MANETSTR. 16 BERLIN 1092
PA NR.:

SCHEINBARES ALTER 58 - 62 JAHRE,
190 CM GROSS, KRAEFTIGE GESTALT, GLATTES NACH HINTEN GEKAEMMTES
HAAR, DUNKELBLOND.

3. BERLIN

4. SABOTAGE.3 104 STGB

8. MINISTERIUM FUER INNERE ANGELEGENHEITEN, HA K

9. C)
1, 3, 7, 4
HINWEISE UND FESTNAHME SIND UNVERZUEGLICH DER BDVP K DEZ(ROEM) 5/
KD ZU MELDEN.=


PARUSSINA 940
-2006-
COL
OLL 560 3 2010
+649-487-77

DKDKDE
```

Der per Fernschreiben übermittelte Haftbefehl der DDR vom 3. Dezember 1989, Grund der angeordneten Festnahme: Verstoß gegen § 104 Strafgesetzbuch, »Sabotage«

Schalck und Afrika

Die »Politik der Hauptaufgabe« mit ihren Subventionen, das Wohnungsbauprogramm und der Aufbau einer eigenen weltmarktfähigen Mikroelektronik-Industrie verschlingen Milliarden. Objektive Zwänge und politische Fehlentscheidungen lassen den Finanzbedarf und damit den Druck auf Schalck stetig wachsen, strukturelle und aktuelle Defizite der DDR-Wirtschaft mit bisweilen waghalsigen Geschäften zu kompensieren.

Das führt auch zu einem politisch verordneten Engagement des Bereiches Kommerzielle Koordinierung in Afrika, insbesondere in den ehemaligen portugiesischen Kolonien Angola und Mocambique sowie Äthiopien, was nach Schalcks eigenem Bekunden nicht sein Terrain ist. Doch er ist überzeugter Internationalist, die Großzügigkeit, mit der er Menschen begegnet, dehnt er auf ganze Staaten aus. In seinem Büro steht beispielsweise ein Schuhkarton, in welchem Armbanduhren liegen, für die sich in Wandlitz, obgleich dort bestellt, kein Interessent fand. Brauchst du eine Uhr, fragte er Besucher gelegentlich am Ende des Gesprächs, dann such dir eine aus.

Sein Angebot resultierte nicht etwa aus jovialer Herablassung oder mit dem Vorsatz, sich der Gefolgschaft des Beschenkten zu versichern, nicht aus Berechnung, sondern aus dem schlichten Bedürfnis, jemandem eine Freude zu machen. Schalck kennt keine Gutsherrenmentalität, Winkelzüge sind ihm fremd, er ist direkt und unmissverständlich in seinen Reaktionen und Ansagen, auf der privaten Ebene wie auf der großen politischen

Bühne. Das spüren auch die Gesprächspartner auf der anderen Seite.

Nun also Afrika.

Den Anstoß dazu gibt Politbüromitglied Werner Lamberz. Der gelernte Heizungsbauer, Sohn eines Maurers aus Mayen in der Eifel, ist nicht nur hochintelligent und polyglott, sondern auch weltläufig. In den 50er Jahren gehörte er der Führung des Weltbundes der demokratischen Jugend in Budapest an, aus jener Zeit rühren auch viele Kontakte. Reisen durch junge Nationalstaaten Afrikas in den 70er Jahren machen Honeckers Sonderbotschafter bewusst, dass Solidarität Phrase bleibt, wenn sie nicht materiell untersetzt ist. Die materielle Decke der DDR ist aber ziemlich kurz, die Hilfe zur Selbsthilfe beschränkt sich zumeist auf Berater und Freundschaftsbrigaden, die vor Ort an einigen Projekten arbeiten.

Auf der anderen Seite gibt es in Angola und Mocambique Rohstoffe, die, sofern erschlossen, als Äquivalent für eine wirtschaftliche Unterstützung genommen werden können. Und in Äthiopien wächst Kaffee, dessen Beschaffung für die DDR ein Riesenproblem darstellt. Müsste die DDR auch noch jene Menge auf dem Weltmarkt kaufen, die mit den »Westpaketen« ins Land kommen, wäre es noch größer. Bis zu einem Viertel des in der DDR gebrühten Kaffees wird als private »Geschenksendung, keine Handelsware«, wie es vorschriftsmäßig auf den Paketen steht, in die DDR eingeführt. Dieser individuelle Import soll ein Volumen von geschätzten 120 Millionen DM pro Jahr haben, was aber vermutlich so unbewiesen ist wie die in einer Dissertation im Westen aufgestellte These, Schalck sei 1978 mit seinem Vorschlag gescheitert, wegen des Mangels an Mandeln, Korinthen und Orangeat den Versand privat gebackener Weihnachtsstollen an die Verwandten in der Bundesrepublik zu untersagen. Mit diesem angeblichen Stollenschenkverbot hoffte er, die offizielle Einfuhr von Zutaten drosseln und Devisen sparen zu können.

Die sogenannte Entwicklungshilfe des Westens für die Dritte Welt ist gering – gemessen am Leistungsvermögen der Industriestaaten der Ersten Welt, dennoch erheblich mehr im Vergleich zu den Möglichkeiten der Zweiten, der sozialistischen Welt. Auch ist deren Ansatz ein anderer. Es geht um die Gewinnung von Verbündeten, von politischen Partnern, nicht primär um Absatzmärkte und die Erschließung von Rohstoffen.

Gleichwohl ist das zunehmend ebenfalls ein Thema. Die afrikanischen Staaten haben kaum Chancen, ihre wenigen Waren dort zu verkaufen, wo es Devisen gibt. Die DDR in Gestalt von KoKo hat Erfahrungen und Verbindungen, die sich dafür nutzen lassen. Also sucht Schalck-Golodkowski auftraggemäß nach Wegen, wie sich die ökonomischen Interessen der Ersten, Zweiten und Dritten Welt handelspolitisch unter einen Hut bringen lassen.

Auf Initiative von Lamberz bildet Ende 1977 das Politbüro eine Kommission für Entwicklungsländer, der ungefähr ein Dutzend Spitzenfunktionäre angehören, darunter auch Schalck-Golodkowski. Vorsitzender, wie könnte es anders sein, ist der ZK-Wirtschaftssekretär Günter Mittag, weshalb dieses Gremium auch bald »Mittag-Kommission« heißt. Aufgrund guter Beziehungen zu Libyen, wo seit Ende der 60er Jahre ein Revolutionärer Kommandorat herrscht – der dafür sorgen wird, dass binnen weniger Jahrzehnte das Land laut UNO-Feststellungen zum höchstentwickelten Staat des afrikanischen Kontinents werde soll, ehe Gaddafi gestürzt wird –, initiiert

Erich Honecker zu Besuch in Äthiopien, November 1979. Neben ihm Mengistu Haile Mariam. Links außen: Außenminister Oskar Fischer, die ZK-Sekretäre Günter Mittag und Hermann Axen sowie Ministerpräsident Willi Stoph

die Kommission Anfang 1978 ein sogenanntes Drittlandabkommen (DDR-Libyen-Entwicklungsländer). Libyen und die DDR wollen in ausgewählten Ländern gemeinsam zusammenarbeiten. Man will komplette Anlagen und Ausrüstungen, Waren und Konsumgüter liefern, Rohstoffe erkunden, erschließen und verarbeiten und mit Hilfe von Experten Untersuchungen für weitere Investitionsvorhaben anstellen. »Die vorgesehenen Lieferungen und Leistungen erfolgen auf der Grundlage von kommerziellen Verträgen.« Das Drittlandabkommen sollte zunächst bis zum 31. Dezember 1990 gelten.

Dem Dokument angefügt war ein konkretes Lieferangebot von Waren und Technologien aus der DDR für zehn Entwicklungsländer im Volumen von etwa 1,614 Milliarden Dollar, darunter ein Feinwalzwerk für Syrien. Mocambique stand mit 70 und Angola mit 139 Millionen Dollar auf dieser Liste. Der Tod von Lamberz – er verunglückte 1978 in Libyen mit einem Hubschrauber Gaddafis, der ihn zum Flugplatz in Tripolis bringen sollte, von dem Lamberz und seine Delegation weiter nach Äthiopien fliegen wollten – bedeutete zwar einen Rückschlag, änderte aber nichts am Engagement der DDR in jungen afrikanischen Nationalstaaten. Die wirtschaftlichen Beziehungen zu Äthiopien kühlten sich aber nach dem Besuch Erich Honeckers 1979 merklich ab, was nicht zuletzt auf die wachsenden eigenen wirtschaft-

Bad in der Menge in Mocambique, Februar 1979. Neben Erich Honecker Marcelino dos Santos

lichen, will heißen finanziellen Schwierigkeiten zurückzuführen war. Und diese wiederum wurzelten auch in der neuen von der NATO provozierten Rüstungsrunde. Berlin konzentrierte sich deshalb auf die Kooperation mit Angola und Mocambique. Schalck schickte Expertendelegationen, ließ in Mocambique die Steinkohlegruben von Moatize neu aufschließen und besorgte Rohkaffee, Erdöl und Kohle aus Angola.

Doch die politische Lage dort war instabil, dem Westen passten die Entwicklung und die Verbindungen nicht und stachelte Fehden im Lande mit der Absicht an, das diese den propagandistischen Anlass für vermeintlich Frieden stiftende Interventionen lieferten, etwa von Südafrika oder Rhodesien aus. Und auch wenn es nicht soweit kam, führte es doch dazu, dass sich diese Nationalstaaten politisch und wirtschaftlich nicht konsolidieren konnten. Auch DDR-Bürger starben bei Überfällen.

Schalck-Golodkowski hatte geologische Erkundungstrupp in Marsch gesetzt, die in Mocambique seltene Minerale und Goldvorkommen suchen sollten. Mit der Regierung war verabredet, dass 50 Prozent der Erträge zur Bezahlung der Erkundungs-, Erschließungs- und Vertriebskosten genommen würden. Dem stimmte man dann aber nicht zu mit der Begründung, man wisse ja nicht, wie groß die Lagerstätten und Erlöse wären. Schalck schlug daraufhin als Kompromiss vor, dass die DDR zu 100 Prozent das von einer Gemischten Produktionsgesellschaft geförderte Gold erwerben und bezahlen, im Gegenzug aber die Erkundungsarbeiten in Rechnung stellen würde. Das Gold sollte über eine Firma in Südafrika, zu der bereits seit Jahren ein Unternehmen von KoKo Geschäftsbeziehungen unterhielt, in den internationalen Markt eingespeist werden.

Begrüßung in Angola, Februar 1979. Neben Honecker Agostino Neto, Präsident des Landes

Jedoch: Die Suchtrupps wurden nicht fündig, und Mocambique verweigerte daraufhin die Bezahlung der Rechnung über die geologischen Erkundungen. Schalck fand schließlich einen Weg, die geforderten 1,9 Millionen Dollar mit den Leistungen von in der DDR tätigen Vertragsarbeitern zu verrechnen. Das waren zwischen 1979 und 1989 weit über zwanzigtausend. Sie erhielten eine Ausbildung und kehrten nach einiger Zeit in ihr Heimatland zurück. Auch dies eine solidarische Unterstützung durch die DDR. Interessante, aber weitgehend unbekannte Details über das Engagement der DDR in

Afrika bietet der von Matthias Voß 2005 herausgegebene Sammelband »Wir haben Spuren hinterlassen! Die DDR in Mocambique«. Er gehört zu der Publikationsreihe »Die DDR und die Dritte Welt«, mit der sich kompetente Fachleute mit den umlaufenden tendenziellen Darstellungen auseinandersetzten. Etwa mit der Tatsache, dass die DDR an ihrem Ende – nicht zuletzt durch das Engagement Schalck-Golodkowski – weit über acht Milliarden D-Mark Guthaben in Staaten der Dritten Welt hatte, legitime Forderungen aus wirtschaftlicher Tätigkeit, die interessanterweise nie mit den »Schulden« der DDR verrechnet wurden.

Die Regierung de Maizière wollte den meist armen, hoch verschuldeten Ländern diese Verbindlichkeiten erlassen, doch angesichts der inzwischen veränderten Machtverhältnisse hieß es am 26. Juli 1990 auf einer Beratung von Vertretern der zwei Entwicklungshilfeministerien in Konstanz, dass ein Schuldenerlass nur möglich sei, wenn »die Finanzminister beider deutscher Staaten zustimmen«. Bonn verweigerte die Zustimmung und begründete das mit dem Hinweis, dass Verträge, abgeschlossen von souveränen Staaten, eingehalten werden müssten.

Wenn es um Geld ging, das man eintreiben konnte, war die DDR ein »souveräner Staat«, für dessen »Rechtsnachfolger« der Grundsatz galt: pacta sunt servanda.

Hingegen galt das vergleichbare Rückwirkungsverbot für die DDR und ihre Staatsdiener – etwa für Schalck-Golodkowski – nicht. Da ging es ja um eine politische, nicht um eine wirtschaftliche Abrechnung.

Schalck-Golodkowski und das Sonderkonto 0628

Potentaten und Diktatoren pflegen in der Schweiz Konten anzulegen, die im Falle ihres Sturzes und nach geglückter Flucht vor dem Volkszorn geplündert werden. Über die Höhe wird nur spekuliert, das Bankgeheimnis steht der Wahrheit ebenso entgegen wie die geheime Buchführung des oder der Einzahler.

Um die DDR und ihr Führungspersonal zu kriminalisieren und zu diskreditieren, wurde auch Ulbricht solches nachgesagt, seiner Witwe Lotte wurde gar der ganze Alterssitz in die Schweiz verlegt. Dergleichen üble Nachrede erfolgte auch bei seinem Nachfolger Honecker. Dieser besaß jedoch nie ein persönliches Konto im Ausland, schon gar nicht in der Schweiz.

Sodann aber kommt der Einwurf: Und was ist mit dem Sonderkonto 0628? Auf dem befanden sich Ende 1989 immerhin etwa 2,2 Milliarden D-Mark.

Das »Honecker-Konto« war im März 1974 bei der Deutschen Handelsbank, einem Geldhaus der DDR, eingerichtet worden.

Alexander Schalck-Golodkowski war von der Messe in Leipzig kurzfristig zum Generalsekretär nach Berlin einbestellt worden. Es handelte sich, ganz nebenbei, um die erste persönliche Begegnung des Staatssekretärs mit dem Staatsratsvorsitzenden.

An diesem Gespräch nahmen Günter Mittag und Erich Mielke, der Minister für Staatssicherheit, teil. Und wie den Ausführungen Honeckers zu entnehmen war, ging die Initiative zu dieser Runde vom »kleinen Erich« aus, wie Mielke, der den gleichen Vornamen wie Honecker trug, zur besseren Unterscheidung intern genannt wurde. Er wurde nicht von allen gemocht, auch in die-

Unter Palmen: Honecker, Mielke, Stoph und Mittag (v.r.n.l.) in Konferenz, Ende der 70er Jahre

sen Kreisen nicht, wofür gewiss jeder seine speziellen Gründe hatte. Margot Honecker zum Beispiel mochte Mielkes Art nicht, sich wichtig zu machen und aufzuplustern, und wenn er meinte, ihr am Telefon etwas stecken zu müssen, sagte sie nur, wofür es Augen- und Ohrenzeugen gibt, das habe sie bereits mit Erich heute beim Frühstück besprochen. Das bedeutete in der Regel das Ende des Anrufs.

Der »große Erich« erkundigte sich bei dieser Zusammenkunft im März 1974 nach dem Verbleib der Beträge, die über die evangelische Kirche der Bundesrepublik in die DDR flossen. Das waren Gelder, die für den sogenannten Freikauf von Häftlingen gezahlt wurden, was weder Gnadenakt noch Sklavenmarkt war: Die DDR wünschte nur die Ausbildungskosten zurück.

Das war schlechterdings nicht möglich bei den rund drei Millionen Facharbeitern, Ärzten, Ingenieuren, Wissenschaftlern, Krankenschwestern etc., die bis zum Mauerbau der DDR den Rücken gekehrt hatten und dann durch ihre qualifizierte Arbeit zum Wirtschaftswunder der Bundesrepublik beitrugen. Jetzt aber, nachdem die Grenze gesichert und der Verkehr mit der BRD durch einen Grundlagenvertrag geregelt war, konnte man auch darüber verhandeln.

Dieser neudeutsch »Braindrain« bezeichnete Vorgang, also die Abwanderung und Abwerbung gut ausgebildeter Fachkräfte, musste nicht mehr stillschweigend hingenommen werden, schon gar nicht, wenn es sich um eine beantragte Ausreise handelte, die zudem von der Bundesrepublik unterstützt wurde.

Im *Spiegel* vom 13. April 1970 entrüstete man sich, dass DDR-Ministerpräsident Stoph bei seinen soeben erfolgten Treffen mit Kanzler Brandt in Erfurt und Kassel diesem eine Rechnung über 100 Milliarden D-Mark präsentiert hatte. Dem *Industriekurier* war die Summe »unerklärlich«, die *FAZ* nannte sie »grotesk«.

Aber dann fragte der *Spiegel* einige Leute, die sich damit auskannten, und die rechneten vor. Der Wirtschaftswissenschaftler Prof. Fritz Baade, Bundestagsabgeordneter der SPD seit 1961, sagte, die Ausbildungsinvestitionen, die der DDR bis zum Mauerbau verloren gegangen seien, betrügen rund 45 Milliarden D-Mark. Reparationsexperten erklärten, die von der DDR zwischen 1945 und 1954 geleistete Wiedergutmachung an die Sowjetunion (Lieferungen aus der laufenden Produktion, Demontagen, Beuteaktionen) beliefe sich auf 45 bis 66,4 Milliarden. Der Nationalökonom Hans Apel, Professor in den USA, kam in seinem 1966 erschienenen Buch »Wehen und Wunder der Zonenwirtschaft« zu dem Schluss, dass der gesamte Substanzverlust der DDR-Wirtschaft durch Abwanderung und Kriegsfolgelasten auf etwa 107 Milliarden D-Mark käme.

Walter Ulbricht hatte 1965 bereits von rund 120 Milliarden gesprochen. »Dieser Betrag setzt sich zusammen aus den Reparationen, die die DDR für ganz Deutschland geleistet hat, unseren Verlusten an Nationaleinkommen durch Produktionsausfall, durch den gesellschaftlichen Aufwand für den Unterhalt, die Erziehung und die Ausbildung der abgeworbenen Kader, durch Grenzgängerei in Westberlin, durch den Schwindelkurs und den Schmuggel nach Westberlin sowie einige andere Verluste.« Aber, und das unterschied ihn vielleicht von seinem Nachfolger, Walter Ulbricht zeigte sich generös. »Wir sind bereit«, so der Staats- und Parteichef, »einen Teil dieser Summe den westdeutschen Gewerkschaften treuhänderisch zum Zwecke der Gewinnung des entscheidenden

Einflusses in westdeutschen Konzerngesellschaften zu überlassen.« Es war die Zeit, in der man die paritätische Mitbestimmung zur Herstellung eines vermeintlichen Gleichgewichts von Arbeitgebern und Arbeitnehmern in den Aufsichtsräten der Unternehmen wieder einmal in der Bundesrepublik diskutierte.

Auf solche ironisch gemeinten »Investitionen« lässt man sich zehn Jahre später in der DDR-Hauptstadt nicht ein. Das Geld fließt, wie von den Unterhändlern Wolfgang Vogel und Alexander Schalck-Golodkowski eingefädelt, à conto von West- nach Ostberlin und wird vom Bereich Kommerzielle Koordinierung verbucht.

Erich Honecker möchte nunmehr eine exakte Übersicht über diese Zahlungseingänge, und fortan sollen diese nicht mehr von KoKo, sondern auf einem Sonderkonto verbucht werden, über das allein der Generalsekretär verfügt.

Dieses Konto richtet Schalcks Stellvertreter Manfred Seidel unter der Nummer 0628 bei der Handelsbank ein. Honecker entscheidet, wofür welcher Betrag zu verwenden ist, aber selbst hat er keine Verfügungsberechtigung. Nur Schalck und Seidel gemeinsam können Überweisungen tätigen.

Weshalb Honecker auf Vorschlag von Mielke sich diesen »Generalsekretärsfonds« zulegte, kann nur gemutmaßt werden. Die freundliche Interpretation: Honecker wollte dieses Geld, dem bei aller Berechtigung ein gewisser Hautgout anhaftete – in Schwaben sagt man Geschmäckle –, nicht in den allgemeinen Staatshaushalt einfließen lassen. Wenn man im Westen davon Wind bekäme, würde man dort vielleicht erklären: Mit dem Geld der Kirche finanziert die DDR ihre Minenfelder. Das Geschrei konnte man sich leicht ausmalen.

Die weniger freundliche Erklärung: Der Generalsekretär wollte sich Zuneigung und Gefolgschaft erkaufen. Diese Annahme wird durch die Liste der Ausgaben durchaus bestätigt: 48,1 Millionen D-Mark für den Import von Obst und Gemüse (13. Oktober 1976); 42,9 Millionen für 800.000 Paar Schuhe (2. November 1976); 30 Millionen für österreichische Textilien und Untertrikotagen (1978); 40 Millionen für das Gesundheitswesen – von importierten Hüftgelenken bis Materialien für die Aids-Forschung (20. Februar 1979), 140 Millionen für Mazdas aus Japan (26. Juni 1981), 39,5 Millionen für Getreide, das als Solidaritätsgut an Nicaragua geliefert wird (24. September 1981); an Nicaragua gehen auch Mais für 6,2 Millionen (4. November 1986) und Getreide für 3,2 Millionen (7. Dezember 1988) sowie zehn Millionen Dollar in bar (28. Dezember 1987).

Ja, die 160 Pkw Citroen für den Partei- und Staatsapparat, die im Herbst 1989 importiert werden, bezahlt der Generalsekretär auch von diesem Konto. Und Honeckers allerletzte Verfügungsentscheidung, getroffen kurz vor seinem Rücktritt, beläuft sich auf 35 Millionen: Importe zur Weihnachtsversorgung der DDR-Bevölkerung. Doch während diese ihre Apfelsinen schälen, wird gegen Honecker ermittelt, weil der »seine Verfügungsbefugnisse als Generalsekretär des ZK der SED zum Vermögensvorteil für sich und andere missbraucht« habe, begründet die Staatsanwaltschaft diesen Schritt.

Vom Konto 0628 flossen laut Deutscher Handelsbank bis Oktober 1989 insgesamt 1.094.700 DM ab. Der größte Posten war die Bezahlung des Imports von 10.000 Mazda 323, die in den 80er Jahren viele Menschen in der DDR sehr glücklich machten. Wohl wahr, da hatte der Generalsekretär mit Hilfe Schalcks seine Verfügungsbefugnisse zum Vermögensvorteil für sich und andere sichtbar »missbraucht«.

Zur Wahrheit gehört ferner: Bis auf 100 Millionen D-Mark, die kurzfristig verfügbar waren, hatten Schalck und Seidel das Gros auf Festgeldkonten im Ausland deponiert. Allein mit diesen rund zwei Milliarden garantierten sie dortigen Kreditgebern die Zahlungsfähigkeit der DDR.

Erstaunlicherweise findet sich darüber nichts im *Spiegel* vom 20. November 1989. Der Beitrag »Fanatiker der Verschwiegenheit. Die einträglichen Geschäfte des DDR-Staatssekretärs Alexander Schalck-Golodkowski« bildet den Auftakt des Kesseltreibens. (»Es gibt«, sagt ein Insider, ›kaum Leute im gehobenen Management der Bundesrepublik, die so eiskalt, berechnend, glashart sind wie der Schalck.‹«) Der *Spiegel* nennt die anonymen Denunzianten »ostdeutsche Insider«, die die Fährten in all jene Richtungen legen, die man später intensiv verfolgen wird. Bis eben auf jenes Sonderkonto, von dem die *Spiegel*-Quellen so wenig wissen wie von anderen Dingen. Im Beitrag wird auf einen Umstand besonders hingewiesen, der später die Basis für die beiden Verurteilungen Schalcks liefern sollte. Im September 1944 hatte der Oberbefehlshaber der westlichen Alliierten »ein Gesetz erlassen, das nach der Besetzung Reichsdeutschlands die Devisenbewirtschaftung regelte und alle Außenhandels- und Devisengeschäfte verbot«. 1948 wurde die Bestimmung dieses Militärregierungsgesetzes 53 »auf den Verkehr mit dem sowjetischen Besatzungsgebiet ausgedehnt«. Damit ist es der DDR bis zu ihrem Ende untersagt, in diesem Sinne in Westberlin und der Bundesrepublik aktiv zu werden. »Um fürs Überleben notwendige technische Güter oder hochwertige Rohstoffe organisieren zu können, wurde Ost-Berlin schon früh erfinderisch«, heißt es dazu im *Spiegel* 47/1989 lakonisch.

Ende Oktober 1989 legen Schalck und andere dem ZK ihren Bericht vor. Er läutet das Ende ein. Zwei Monate später wird am Großen Haus das Parteiemblem demontiert

Der »Schürer-Bericht«

Am 18. Oktober 1989 übernimmt Egon Krenz die Geschäfte als Generalsekretär, sechs Tage später wählt ihn die Volkskammer zum Staatsratsvorsitzenden. Um sich einen Überblick über die wirtschaftliche Verfassung des Landes zu verschaffen, gibt er eine Studie in Auftrag. Der Vorsitzende der Staatlichen Plankommission, Gerhard Schürer, Außenhandelsminister Gerhard Beil, Staatssekretär Alexander Schalck-Golodkowski, Finanzminister Ernst Höfner und der Leiter der Staatlichen Zentralverwaltung für Statistik Ernst Donda legen am 31. Oktober dem Politbüro ihre »Analyse der ökonomischen Lage der DDR mit Schlussfolgerungen« vor, die fortan als »Schürer-Bericht« bezeichnet wird.

Diese Bezeichnung ist so unzutreffend wie ihr Inhalt. In der »Geheimen Verschlusssache« (GVS) wird die Wirtschaft der DDR als zerrüttet und die Staatsverschuldung im Westen als dramatisch dargestellt, die Zahlungsunfähigkeit der DDR stünde unmittelbar bevor, heißt es.

Nachdem die DDR untergegangen ist, räumen etwa Bundesbank und die Bank für Internationalen Zahlungsausgleich ein, dass auch Ende 1989 eine hinreichende Devisenliquidität bestanden habe. In einem Sonderbericht erklärt die Bundesbank 1999, dass die Netto-Auslandsverschuldung der DDR in ihrem letzten Jahr lediglich 19,9 Milliarden D-Mark gewesen sei, knapp zwei Drittel der Verbindlichkeiten wären durch Guthaben der DDR und Kredite gedeckt. (In diesem Kontext soll an die Auslandsverbindlichkeiten Griechenlands erinnert

Bereit zum Harakiri? Schalck-Golodkowski (l.) mit Mitgliedern einer DDR-Delegation in Japan in traditioneller Gewandung als Samurai

werden: Sie betragen aktuell 375 Milliarden Euro, also rund 750 Milliarden D-Mark, mithin 38 Mal soviel wie die angeblich insolvente DDR. Da nimmt sich die Staatsverschuldung Portugals mit 183 Milliarden im Vergleich mit Griechenland fast bescheiden, aber in Bezug auf die DDR noch immer sehr beachtlich aus.)

Die Autoren der Politbüro-Vorlage erklären sich später. Man habe in zweckdienlicher Zuspitzung dramatisiert, den Ernst der Stunde deutlich machen und die politische Führung zum raschen und konsequenten Handeln auffordern wollen. Allein die gute Absicht habe sie getrieben. Schürer entschuldigt sich zudem damit, dass er von den Guthaben des Bereiches Kommerzielle Koordinierung keine Ahnung gehabt habe, und Schalck-Golodkowski kann sich darauf berufen, dass er entsprechend den Parteibeschlüssen geschwiegen habe. In die Bilanz der Vorlage, so habe es geheißen, sollten die KoKo-Zahlen nicht einfließen. Für die Unterlassung kann es zwei Gründe geben: Der Auftraggeber hatte nicht annähernd eine Vorstellung von KoKo und den Mitteln, die von den etwa 200 Firmen und juristischen Personen, die im Bereich Kommerzielle Koordinierung arbeiteten, bewegt wurden, weshalb er meinte, diesen Posten vernachlässigen zu können. Oder er fürchtete, zweitens, »Leichen im Keller«, die man besser nicht ans Tageslicht zerrte.

Ob nun absichtsvoll zweckdienlich überzogen oder konspirativ geschwiegen wurde: Die Wirkung war verheerend. Die vorgelegte Bilanz sandte die unzweideutige Botschaft aus: Die Krise ist nicht mehr zu meistern!

Letztlich paralysierte diese »Analyse der ökonomischen Lage der DDR mit Schlussfolgerungen« nahezu den ganzen politischen Apparat der DDR. Aufs Ganze betrachtet war der »Schürer-Bericht« der Sargnagel für die DDR. (Was Egon Krenz in Abrede stellt: Schließlich sei der Bericht erst 1990 öffentlich bekannt geworden und dessen Bilanz ausgewogen gewesen. »Dass er von den Gegnern der DDR anders interpretiert wurde, steht auf einem anderen Blatt.«)

Egal, der Bericht gab Kritikern und Feinden Recht, das war Wasser auf die Mühlen jener, die schon immer behaupteten, Sozialisten und Kommunisten können nicht wirtschaften, sie würden nur Geld verteilen, aber nicht ordentlich damit umgehen. Die Litanei verschwand im Übrigen nicht mit der DDR aus der Welt, diese Argumentation wird mindestens in jedem Wahlkampf von den Konservativen und Liberalen gebracht

Ohne einer Verschwörungstheorie das Wort zu reden: War solche Wirkung Kalkül der Autoren? Haben sie mit Absicht den neuen Generalsekretär in die Irre schicken und ihn damit vor eine unlösbare Aufgaben stellen wollen? War dies im Sinne Moskaus? Schließlich vertrat Schürer, wie man vermutet, Moskaus Interessen, er sei, wie es gerüchteweise hieß, ein Mann Nowikows, des KGB-Residenten in Karlshorst, Gorbatschows Statthalter, der in Sachen »Lutsch« unterwegs war.

Oder hatten noch andere Dienste ihre Finger im Spiel und spitzten zweckdienlich zu? Wer hat da welchen Zug gemacht? Wer zog da an welchen Strippen?

Wann wird dieses Geheimnis gelüftet?

Von den Autoren sind inzwischen alle tot, man kann sie nicht mehr fragen. Bis auf Schalck-Golodkowski. Doch der nimmt sich von einem solchen Verdacht aus. Was sein gutes Recht ist. Und der Mann, dessen Name der Bericht trägt, wird explizit von Egon Krenz geschützt. »Man kann Schürer viel vorwerfen, nicht jedoch, im Auftrage ausländischer Mächte gehandelt zu haben«, schrieb er am 26. Mai 2012 in einer Mail an die Autoren. »Er war einer der Wenigen im Politbüro, die immer wieder auf den Ernst der ökonomischen Situation der DDR aufmerksam gemacht hat.«

Orchideen für Raissa und einen Drops für Schmidt

Drei Wochen, bevor der »Schürer-Bericht« vorgelegt wurde, besuchten Gorbatschow und seine Frau Raissa Berlin, sie gehörten zu den Ehrengästen, die an den Feierlichkeiten zum 40. Jahrestag der DDR teilnahmen. Bilder und Sprüche vom Oktober 1989 sind hinlänglich bekannt, einschließlich deren Interpretation durch die meinungsbildenden Medien. Weniger bekannt – und darüber erregte sich niemand: warum auch? – ist ein kleines Detail, das mehr aussagt, als es auf den ersten Blick scheint. Schalck-Golodkowski musste jemanden nach Westberlin schicken, um für Raissa Gorbatschowa einen Orchideenstrauß im Wert von 100 D-Mark zu besorgen. Die sowjetische First Lady liebte offenkundig ein wenig Luxus und wünschte einen entsprechenden Blumenschmuck in ihrem Quartier vorzufinden. Aber lassen wir die Kirche im Dorf: Gemessen an den Aufwendungen für das politische Spitzenpersonal in westlichen Staaten war das geradezu lächerlich. Und auch anderen First Ladies, die die DDR besuchten, soll der Aufenthalt auf diese Weise verschönt worden sein.

Zur Erledigung solcher Sofortaufträge gab es eine Arbeitsgruppe, die seit 1977 von Sigrid Schalck-Golodkowski geleitet wurde. Diese fünfköpfige Feuerwehrbrigade gehörte zu jenem Unternehmen, das für die sogenannte Sonderversorgung von Wandlitz verantwortlich war. Die dortige Waldsiedlung, das zur Erinnerung, war

Ende der 50er Jahre angelegt worden. Sie bestand aus 23 Einfamilienhäusern sowie verschiedenen sozialen, kulturellen und medizinischen Einrichtungen, darunter einem Ladenkombinat. Die vom Personenschutz des MfS gesicherte Wohnanlage entstand nach dem blutigen Auseinandersetzungen im Herbst 1956 in Ungarn, bei denen an die dreitausend Menschen, darunter nicht wenige Funktionäre der Partei und des Staates, ermordet worden waren. Erst die Intervention sowjetischer Truppen beendete den mehrere Wochen andauernden Terror. Auch in Polen hatte es in jenem Jahr schwer gekriselt, und während in Budapest geschossen wurde, stürmten israelische Truppen zum Suezkanal und bombardierten britische und französische Flugzeuge ägyptische Flughäfen. Alle drei Staaten beabsichtigten, das Nasser-Regime zu stürzen. Zwar konnte durch die gemeinsame politische Intervention der UdSSR und der USA die Aggression beendet werden, doch diese 56er Krisen- und Kriegserfahrungen veranlassten die DDR-Führung zu Sicherungsmaßnahmen, die sie u. a. zur Verlegung des kollektiven Wohnsitzes außerhalb Berlins nach Moskauer Vorbild veranlasste.

Vornehmlich zwei Gründe machte man geltend, warum ausgerechnet die Wahl auf das Waldstück bei Wandlitz fiel: erstens die gute verkehrstechnische Anbindung – über die Autobahn brauchte man nur eine halbe Stunde bis ins Stadtzentrum, zweitens war, wie die Analyse der Luft ergab, diese besonders gut und heilsam.

Und nebenbei: In unmittelbarer Nähe – in Bernau und in Oranienburg – lagen starke Einheiten der sowjetischen Streitkräfte. Diese vermittelten nicht nur das Gefühl von Sicherheit, sondern waren auch imstande, die Staats- und Parteiführung der DDR bei Bedarf geschlossen zu arretieren.

Die Waldsiedlung 2012: wegen der guten Luft mit Reha-Klinik und verschiedenen medizinischen Einrichtungen

Dass ein solcher Gedanke nicht ganz abwegig war, machte eine Bemerkung Erich Honeckers deutlich. Als dieser im Sommer 1984 nach Moskau einbestellt wurde, um sich wegen der von ihm verfolgten »Koalition der Vernunft« und der beabsichtigten BRD-Reise die Leviten lesen zu lassen, nahm er u. a. den Auschwitz-Überlebenden Hermann Axen mit. Diesen werde man sich nicht zu verhaften getrauen, äußerte er gegenüber Genossen im Politbüro und ließ Egon Krenz – zu jener Zeit erklärter »Kronprinz« – absichtsvoll in Berlin zurück. Er solle, kehre man aus Moskau nicht wieder, die Amtsgeschäfte übernehmen. Wie Egon Krenz später bekundete, nahm er Honeckers Hinweis damals als Scherz, erst später sei ihm bewusst geworden, dass es sich nicht um Ironie gehandelt habe.

Die Ängste des Kalten Krieges führten zur Errichtung der Funktionärssiedlung im Wald bei Bernau, und obgleich nahezu alle Bewohner im Nachhinein diese Abgeschiedenheit unisono beklagten (Kurt Hager sprach gar von einem »Ghetto«) und jede Gelegenheit zum Ausbruch nutzten (Margot Honecker beispielsweise bestand darauf, ihren »Wartburg« vorm Wohnhaus Nr. 11 zu parken, wodurch es ihr regelmäßig gelang, ihren Personenschützern zu entkommen), blieben sie bis zur Auflösung der Siedlung Ende 1989 dort freiwillig wohnen. Die Miete betrug pro Haus rund 400 DDR-Mark, Betreuung und Versorgung durch etwa sechzig Angestellte inklusive. Die anderthalb Quadratkilometer große Siedlung sollte nach 1990 zu einem medizinischen Zentrum werden; es kamen viele Neubauten hinzu, die Wohnhäuser der DDR-Führung wurden nach umfassender Renovierung in den Komplex integriert. Inzwischen befinden

*Das Wohnhaus mit der Nr. 11 nach der Renovierung:
Hier wohnten Margot und Erich Honecker bis 1989*

sich dort diverse Kliniken und medizinische Einrichtungen sowie Seniorenzentren und -residenzen.

Ende 1965 war der VEB Letex gegründet worden, der die Waldsiedlung bzw. deren Bewohner versorgen sollte. Das Handelsunternehmen füllte nicht nur die dortigen Verkaufseinrichtungen, sondern bot auch Dienstleistungen unterschiedlicher Art an. Der Etat des Unternehmens war im Haushalt des MfS eingestellt, zugleich unterstand das Unternehmen als juristische Person dem Ministerium für Handel und Versorgung.

1972 wurde Schalck-Golodkowski, das heißt dem Bereich Kommerzielle Koordinierung, von Mielke und Mittag die Hauptverantwortung für die Versorgung übertragen. Unmittelbarer Anlass war der Umstand, dass Honecker – was dieser bemerkt und moniert hatte – verdorbener Kassler serviert worden war. Die Ursachenforschung brachte zutage, dass es kein Kühlfahrzeug gab. Also wurde dem MfS-Betrieb Letex eine Kontrollinstanz vorgesetzt, die solche Zwischenfälle künftig vermeiden sollte, was jedoch zur Erweiterung des Tätigkeits- und Finanzierungsfeldes von KoKo – bis hin zur Bildung der Arbeitsgruppe »Sofortaufträge« – führte.

Diese Brigade besorgte Heimelektronik und andere Hauseinrichtungen sowie Ersatzteile oder holte aus Westberlin Konsumgüter, die es in der Versorgungseinrichtung der Waldsiedlung sonst nicht gab. KoKo wandte dafür im Jahr rund sieben Millionen D-Mark auf.

Im Vergleich mit den heute üblichen Politiker- und Managerbezügen war das lächerlich wenig – die Vorstandsvorsitzenden von Dax-Unternehmen beispielsweise bezogen 2011 ein Durchschnittseinkommen von 4,27 Millionen Euro, umgerechnet also fast neun Millionen DM. Eine einzige Person kostet das (kapitalistische) Unternehmen also pro Jahr mehr als dem (sozialistischen) Unternehmen DDR die Versorgung ihrer gesamten Führung.

Gemessen hingegen an den damaligen Versorgungsverhältnissen der DDR-Bürger war das unverschämt gut. Das erklärte den überschäumenden Unmut 1989/90, als die Sonderversorgung für Wandlitz publik wurde.

Nüchtern und mit zeitlichem Abstand betrachtet relativiert sich auch dies. Vor allem aber wird klar, dass die vermeintliche Privilegien- und Vetternwirtschaft aus politischen Gründen damals hochgekocht und über Jahre thematisiert wurde: Man brauchte es zur Kriminalisierung und moralischen Diskreditierung der DDR und ihres Führungspersonals. Und das funktionierte ja auch.

Natürlich konnten DDR-Bürger, so sie finanziell dazu in der Lage waren, in den Exquisit- und Delikatläden sündhaft teure Waren kaufen, die entweder aus dem Westen importiert worden waren oder aus der Gestattungsproduktion stammten, also aus DDR-Betrieben kamen, die – in Lizenz oder frei – für den Export produzierten. In Wandlitz gab es diese Waren auch bzw. sie wurden in Westberlin besorgt. Doch waren diese im Preis günstiger als etwa im Exquisit.

Unterm Strich waren die Preise dieser Waren da wie dort nicht kostendeckend. Auf gut Deutsch: *Alle* importierten Konsumgüter, die man mit DDR-Mark bei Exquisit, Delikat oder in der Waldsiedlung bezahlte, wurden zwangsläufig aus dem Staatssäckel subventioniert. Gewinnbringend waren einzig die Waren in den Intershops, die es für D-Mark oder Forumschecks gab. Das waren jene Bezugsscheine, die DDR-Bürger gegen harte Währung in der Sparkasse eintauschen sollten, um eine illegale Zweitwährung im Land zu verhindern. Was aber so wenig durchzusetzen gelang wie Gorbatschows Alko-

Sigrid und Alexander Schalck-Golodkowski im Urlaub, 1985

holverbot in der Sowjetunion. Auch im Ausland tätige DDR-Bürger erhielten Forum-Schecks.

Wie die Wandlitz-Bewohner bestellten natürlich auch DDR-Bürger, die Verwandte oder Freunde im Westen hatten, bei denen aus mitgebrachten Neckermann- oder Quelle-Katalogen diese oder jene Sache, die dann beim nächsten Besuch mitgebracht wurde. Nicht selten handelte es sich dabei um Erzeugnisse, die in der DDR produziert worden waren, weshalb KoKo auch einen Genex-Katalog im Westen verbreitete. Die Geschenkdienst- und Kleinexporte GmbH, kurz Genex, war bereits in den 50er Jahren unter Julius Balkow gegründet, später aber geschäftlich wie auch geografisch von KoKo erheblich erweitert worden. In der Bundesrepublik, in der Schweiz und in Dänemark konnten Bürger mit der dort umlaufenden konvertierbaren Währung via Genex-Katalog Waren erwerben, die direkt an Verwandte und Freunde in der DDR geliefert wurden. Die in den Genex-Katalogen angebotenen Geschenkartikel stammten bis auf Ausnahmen aus DDR-Produktion, die Bandbreite reichte von Pralinen über Pkw bis hin zu Einfamilienhäusern, die in der DDR nur »Neckermannhäuser« genannt wurden. DDR-Bürger im Ausland konnten ebenfalls per Genex ordern.

Die Wandlitz-Bewohner bestellten in der Regel jedoch aus Westkatalogen, selbst Anzeigenausrisse aus Westzeitungen landeten auf den Tisch der »Sonderversorgung«. Das Ärgerliche war einzig die Selbstverständlichkeit, mit der manche diese Dienstleistungen in Anspruch nahmen. Hingegen gab es nicht wenige unter den Funktionären, die *nie* »Sofortaufträge« erteilten.

Es ist albern, auf die Wünsche im Detail einzugehen. Das wurde bereits vielfach in der Vergangenheit mit schmähender Absicht genüsslich getan. Die erfüllten Wünsche waren meist banal, mehrheitlich handelte es

Das alte Tor der Waldsiedlung, Aufnahme 2012

sich um Kleidung, was anderenorts auch nicht unüblich war und ist: Da gibt es überall »Hoflieferanten«, die den gekrönten Häuptern ihre Kollektionen offerieren und sich damit schmücken, etwa die Hosenanzüge für Hillary Clinton oder Angela Merkel zu schneidern. Schabowski beispielsweise wollte einmal einen Computer, das dauerte ihm aber über den Laden in Wandlitz zu lange und der Rechner sollte dort auch mehr kosten, als er in einer Anzeige in einer Westberliner Zeitung angeboten wurde – also musste jemand von der »Sonderversorgung« umgehend zu einer Filiale von Radio Wegert in den Westteil der Stadt fahren und ihm dieses Modell besorgen.

Margot Honecker, und damit soll dieses Kapitel beendet werden, bezog ihre Garderobe mehrheitlich vom VEB Exquisit, allerdings fehlte es oft an den passenden Accessoires, auf die sie wie jede Frau mit Geschmack großen Wert legte. Allerdings mochte sie aus prinzipiellen Gründen keine aus der Bundesrepublik, weshalb die »Sonderversorger« – was nun wirklich nicht Margot Honecker anzulasten ist – mitunter die Firmenschilder entfernten und gegen welche aus Österreich oder Italien tauschten. Sie war auch entschieden dagegen, vermutlich aus pädagogischen Erwägungen, dass Enkel Roberto von seinem Opa Computerspiele geschenkt bekam.

Auch Präsente für auswärtige Staatsgäste wurden über diesen Kanal besorgt. Das war jedoch Helmut Schmidt geschuldet, der bei seinem DDR-Besuch Ende 1981 Honecker eine Silberdose schenkte, in welcher des Kanzlers Namenszug graviert war. Nach der Visite ließ Günter Mittag Schalck wissen, dass es vielleicht angeraten sei, wenn Honecker künftig Vergleichbares seinen Gästen überreichen könnte, etwa goldene Taschenuhren mit Gravur. Und so geschah es denn auch.

Anlässlich einer jüngst von Altkanzler Schmidt in einem TV-Film gemachten abfälligen Bemerkung über Honecker sollte man an den Bericht über eben jene Zusammenkunft im *Spiegel* 52/1981 erinnern, in welchem es nicht nur hieß: »Zwischen Kanzler und SED-Chef Honecker, beobachteten Teilnehmer, habe sich eine besondere Beziehung entwickelt.« Dort las man auch Sätze wie diese: »Angetan von der guten Gesprächsatmosphäre, ließ Schmidt sich einmal sogar zu der Anrede ›verehrter Freund‹ hinreißen.«

Dafür gab es es dann bei der Abreise in Güstrow einen Drops für den Bundeskanzler aus des Generalsekretärs Manteltasche.

Ob das Bonbon aus DDR-Produktion stammte oder von KoKo besorgt worden war, ließ sich nicht mehr recherchieren. Der Drops ist gelutscht. Vielleicht ist das der Grund, warum Schmidt heute anders über Honecker urteilt als seinerzeit.

»Bring den Alten auf die Beine«

Es ist der 30. November 1989, ein verregneter Donnerstag. Seit zwanzig Tagen gibt es die Grenze nicht mehr. Und kaum noch OP-Schwestern in Wuschechs Krankenhaus in Weißensee. Sie warfen den Bettel hin und bewarben sich auf besser bezahlte Stellen in Westberliner Kliniken. Im Osten leben, im Westen verdienen – wie vor dem Mauerbau.

Auf Wuschechs heutigem Operationsplan stehen sechs Arthroskopien, doch die Gelenkspiegelungen sind nicht durchführbar, wie ihm der diensthabende Oberarzt 6.45 Uhr eröffnet: Eine Hilfsschwester habe in der Nacht beim Sterilisieren das Sieb mit den Optiken fallen lassen, sie seien nicht mehr zu gebrauchen. Er solle doch bei Schalck anfragen, ob er nicht kurzfristig Ersatz beschaffen könne.

Wuschech ist sauer. Seit Jahren schon bezieht er medizinische Geräte über Schalck, irgendwann müsse mal Schluss sein. Dennoch greift er zum Hörer und ruft Joachim Farken an, Generaldirektor der Kunst und Antiquitäten GmbH (KuA), einer von Schalcks Firmen unterm Dach von KoKo. Seit Jahren besorgt er auch für Berliner Krankenhäuser, Charité inklusive, medizinische Geräte und andere dringend benötigte Materialien. Ja, er bringe vier Optiken vorbei, aber Wuschech solle das mit dem Chef klären, er habe keine Lust, dafür einen Verweis zu riskieren. »Big Alex« sei am Nachmittag in seinem Büro.

Doch noch ehe Wuschech in einer Operationspause in der Wallstraße anrufen kann, ereilt ihn ein Hilferuf von dort. Er solle umgehend kommen.

Auf dem Hof der »Schlüsselburg« trifft er Schalcks langjährigen Fahrer. »Bring den Alten auf die Beine!«, sagt Günter Kummer. »Wir müssen heute noch nach Bonn.« Das fünfgeschossige Bürohaus, ein Plattenbau, trägt deshalb diesen Spitznamen, weil viele Türen aus Sicherheitsgründen verschlossen sind.

Die »Schlüsselburg« in der Wallstraße mit den Büroräumen von Schalck, Aufnahme 2012

Im Büro erwarten ihn Schalcks Frau Sigrid und sein Stellvertreter Manfred Seidel. Alex gehe es nicht gut, sagt sie, er habe Kreislaufprobleme und Kopfschmerzen.

Überall stehen in dem sonst penibel aufgeräumten Büro Kisten und Koffer, Aktenstapel, zum Paket verschnürt, und andere Kisten.

»Zieht ihr um?«, erkundigt sich Wuschech, und bekommt von Seidel eine Abfuhr. »Unsinn. Kümmere dich um Alex.«

Der liegt breit im Sessel und hat einen Eisbeutel auf dem Kopf. Wuschech misst den Blutdruck, der erstaunlich niedrig ist, dann setzt er ihm eine Spritze gegen die Schmerzen und gibt Tropfen zur Beruhigung. Die wirken umgehend, Schlack schläft ein. Auf Zehenspitzen schleicht man aus dem Zimmer. Wuschech folgt Seidel in dessen Büro.

Unkraut wuchert aus den Ritzen, das Bürogebäude steht seit Jahren leer und ungenutzt

»Nimm deine Instrumente mit«, sagt er, »vielleicht versiegeln sie auch mein Büro.« Er meint die Einweg-Skalpelle, Scheren und Messer, die Wuschech bei ihm zum Schleifen abgab. Seidel hatte einen Freund im Erzgebirge, der die Gerätschaften schärfte, welche man im Westen nach einmaliger Benutzung wegwarf. Seidel packte die Rechnung über 152,20 Mark auf die Kiste. Die soll Heinz Wuschechs Wirtschaftsleiter wie gewohnt bezahlen. »Sonst kriegst du den gleichen Ärger wie wir. Du weißt ja, wie sie inzwischen über uns herziehen, selbst die eigenen Genossen ...«

Am nächsten Tag hat Wuschech Termin in der Manetstraße. Ergometertest bei Alex. Sigrid sagt ab, Alex habe augenblicklich andere Sorgen als sein Übergewicht. Zwei Tage später sind beide weg. Wuschech hört in den Nachrichten, dass sie sich mit unbekanntem Ziel abgesetzt hätten. Und Egon Krenz tritt von allen Funktionen zurück, mit ihm demissioniert das ganze Zentralkomitee.

Seidel und Wuschech auf Schalcks 75. Geburtstag, 2007

Das Haus in der Manetstraße 16, zur Miete von Schalcks bewohnt, heute mit ausgebautem Dachgeschoss, Aufnahme 2012. »Eine weiße, mit allem westlichen Komfort ausgestattete Villa«, nennt in denunziatorischer Absicht der Spiegel *vom 20. November 1989 den Bungalow, den von innen vermutlich kein Redakteur jemals gesehen hatte*

Vier Monate später meldet sich der mit internationalem Haftbefehl Gesuchte aus Bayern. Wuschech wirft sich in seinen alten Volvo und fährt an den Tegernsee. Schalck-Golodkowski ist seelisch und gesundheitlich angeschlagen. Der Medizinmann aus der Heimat soll ihn aufrichten. Doch den haut es auch um, als sein Patient Details über seine Flucht berichtet. »Weißt du, dass mein ganzes Haus verwanzt war? Selbst im Keller war Abhörtechnik installiert.«

»Ja, und?«, gibt sich Wuschech cool. »Du hast ja schützend deine Hände über mich gebreitet.« Woher er das überhaupt wisse?

Von den Anwälten, sagt Schalck.

»Und die waren jetzt in deinem Haus und haben das festgestellt, was du vorher nicht bemerkt hast?« Wuschech zweifelt. Er hält inzwischen alles für möglich, kein Rauch ohne Feuer, auch wenn die meisten »Enthüllungen«, das sagt ihm sein gesunder Menschenverstand, überzeichnet sind. Viele Journalisten im Osten haben das Augenmaß verloren, manche sind wie von der Kette gelassen und wollen beim Kläffen noch die Krawallkollegen im Westen übertreffen.

Schalck, das weiß er, ist von Natur aus hochgradig empfindsam und dünnhäutig, aber die letzten Monate haben merklich Spuren in seinem Nervenkostüm hinterlassen. Wuschech ist sich darum nicht im Klaren, ob es sich wirklich so verhält oder ob er meint, dass es so gewesen könnte. Auf diese Weise könnte er den Schritt – der ja wohl auch eine Art Bruch mit der Vergangenheit darstellt – vor sich selbst rechtfertigen. Außerdem ist Schalck selbst Geheimdienstmann, er weiß, wie es in diesem Gewerbe zugeht. Berufskrankheit. Natürlich stecke Miel-

Schalck und Wuschech in Rottach-Egern

ke dahinter. Der, Stoph und Krolikowski waren auf Moskaus Linie, sie hätten darum den Strauß-Kredit und die Kontakte zum Westen abgelehnt. Und nur weil der Generalsekretär sich anders entschieden habe, wären sie dann eingeknickt. So geht die Rede, Schalck ist wütend, aber mit sich im Reinen.

Die letzten, mit denen er in Berlin gesprochen hat, wären Junker, Vogel und ehemalige Mitstreiter gewesen. Der Bauminister Wolfgang Junker, mit dem er seit Jahren befreundet war, sei völlig niedergeschlagen gewesen. Alles wäre verloren, Krenz habe keine Macht mehr. »Sie werden uns hängen.« Wolfgang Junker schlug vor, sich in die Sowjetunion abzusetzen. Er hatte eine Skizze dabei, wie man zu den Russen nach Wünsdorf gelangte. Das kam für ihn nicht infrage, sagte er. Junker ging. Und jagte sich vier Monate später, am 9. April 1990, eine Kugel in den Kopf. Schalcks Frau muss ähnlich suizidale Reflexe bei ihrem Mann befürchtet haben und schloss die Dienstpistole weg.

Nach Junker kam Erhard Wiechert, Generaldirektor der Imes Import-Export GmbH, einer Firma von KoKo, die 1981 auf Weisung von Günter Mittag gegründet worden war. Stammkapital eine halbe Million, Sitz im Internationalen Handelszentrum in der Friedrichstraße, Geschäftsaufgabe: der Handel mit militärischen Gütern. An diesem 2. Dezember hatte ein Bürgerkomitee in Kavelstorf bei Rostock ein Lager geöffnet und Handfeuerwaffen und Munition, die zur Verschiffung bereitlagen, entdeckt und unter Kuratel gestellt. Auch Waffen aus der Bundesrepublik waren darunter, illegal beschaffte, aber mit ordentlichen Papieren versehen. Sieben Zoll-Papiere der Bundesrepublik wurden in Kavelstorf entdeckt, nicht einmal die Marken der Bundesfinanzverwaltung fehlten darauf. In Deutschland herrscht eben Ordnung.

Flucht aus der Wallstreet, der Wallstraße. Neben dem Hotel das Bürohaus von KoKo, das Schalck und seine Frau kurz nach Mitternacht am 3. Dezember 1989 verließen

Am Abend gegen 23 Uhr, kamen Rechtsanwalt Vogel und dessen Frau Helga ins Büro in der Wallstraße. Zwei Stunden hätte er noch, ehe man ihn verhaften würde, sagte Freund Vogel. Ob der Unterhändler dies in der Pankower Residenz des Ständigen Vertreters Bertele, von dem er sich soeben verabschiedet hatte, gesteckt bekam oder aus einer anderen Quelle informiert wurde, ließ er offen. Diese Mitteilung forcierte die Panik, und sollte schließlich zu jenen Schritten führen, die von vielen Vertrauten als Kurzschlussreaktion bezeichnet werden sollte. Für Schalck waren die Würfel gefallen, nachdem er meinte zu sehen, dass jene, die er bisher für seine Freunde und Genossen hielt, merklich auf Distanz zu ihm gingen.

Im Haus waren noch etliche der engsten Mitarbeiter. Manfred Seidel, der Stellvertreter, Klaus-Dieter Uhlig, Leiter der Abt. Handelspolitik in der Hauptabteilung I von KoKo, und Dieter Paul, Chef der Hauptabteilung III, die sich seit 1975 mit der Koordinierung von Embargogeschäften beschäftigte, sich vor allem um die Mikroelektronik kümmerte. Schalck sagte, dass er sich nicht mehr in der Lage sehe, den Bereich Kommerzielle Koordinierung weiter zu leiten, was wie ein Rücktritt klang. Er müsse erst einmal Urlaub machen.

Gisela Brachaus, die Sekretärin, brach in Tränen aus und konnte kaum die Briefe schreiben, die ihr nunmehriger Ex-Chef diktierte.

Seinen letzten Brief schrieb Alexander Schalck-Golodkowski mit der Hand. »Gib mir persönlich die Chance, in geordneten Verhältnissen über fast 40 Jahre im Dienst unseres Staates nachzudenken«, lässt er DDR-Ministerpräsident Hans Modrow wissen und verwischt absichtsvoll seine Spur: »Ich fahre nicht in die BRD, nach Westberlin oder NATO-Staaten.«

0.40 Uhr passierte er mit seiner Frau Sigrid den Grenzübergang Invalidenstraße.

Zur gleichen Stunde schaukelten vor Malta ein US- und ein sowjetisches Kriegsschiff. Doch wegen des Sturms musste das Gipfeltreffen von Gorbatschow und Reagan auf das im Hafen als Reserve bereitliegende Kreuzfahrtschiff »Maxim Gorki« verlegt werden. Dort zogen die beiden Bilanz der von ihnen angestifteten Entwicklung. Ihre Abschlusserklärung, der Kalte Krieg sei zu Ende, war das Signal zum letzten Gefecht, zum Finale des Sozialismus.

OibE

Im Zentrum der Angriffe auf Schalck-Golodkowski stand dessen Anbindung an das MfS. Er wurde medial zur Zentral- und Schlüsselfigur aller erfundenen Geheimdienst-Schweinereien aufgeblasen, kein vermeintliches Verbrechen, in welches er nicht verstrickt war: Drogen, Waffen, Prostitution, Menschenhandel, Kunstraub, Psychiatrie … Das ganze Spektrum mafiotischer Dienstleistungen und der organisierten Kriminalität, schließlich war die DDR in den Augen ihrer erklärten und heimlichen Gegner ein Verbrecherstaat.

Die verschiedenen parlamentarischen Untersuchungsausschüsse förderten kaum Beweise zutage, was von interessierter Seite mit dem Hinweis abgetan wurde, dass eine Krähe der anderen kein Auge aushacke. Sollte heißen: Die Amigos aus Ost und West stecken unter einer Decke. Wenn es sich aber so verhielte, bedeutete dies, dass die einen nicht besser oder schlechter waren als die anderen. Warum dann also die Unterscheidung in Rechts- und in Unrechtsstaat?

Nachdem man dort nicht weiter kam, wurde der Verdacht in die Öffentlichkeit lanciert, Schlack-Golodkowski sei der Spionage »hinreichend verdächtig« (*Spiegel* 25/1996). Nach Erkenntnissen der Karlsruher Bundesanwaltschaft habe er »weit enger mit dem Ministerium für Staatssicherheit (MfS) kooperiert als bisher angenommen«. Als Offizier im besonderen Einsatz habe er das »Profil eines Top-Agenten«, er sei wie »ein General besoldet« worden.

Monate zuvor nämlich war Schalck wegen des Exports von Handfeuerwaffen zu einem Jahr auf Bewährung verurteilt worden, was die Prozessbeobachterin Gisela Friedrichsen kopfschüttelnd kommentierte: »Der Umgang mit ›DDR-Unrecht‹ ist nach dem Urteil gegen den einstigen Groß-Devisenbeschaffer verworrener denn je. Das Bemühen, in Gestalt ausgesuchter Personen den ehedem zweiten deutschen Staat zu exekutieren, nimmt nach wirren mittlerweile irre Formen an.« (*Spiegel* 6/1996)

Damit hatte sie gewiss nicht Unrecht, wie auch Schalck befand: »Was mich an der ganzen Sache am meisten ärgert, ist der Umstand, dass man mich wegen der paar Waffen verurteilt, während ich damals zur gleichen Zeit mit westdeutschen Politikern und Wirtschaftsführern über den Abbau von Mittelstreckenraketen verhandelte und den Bau von Kernkraftwerken.«

Gegenstand des Verfahrens, das nur nebenbei, waren 228 Nachtsichtbrillen im Wert von 4,8 Millionen DM und Waffen für rund 50.000 DM, die zwischen 1986 und 1989 von einem Händler in der BRD gekauft worden waren. Dazu hätte laut Alliiertem Militärregierungsgesetz Nr. 53 eine Genehmigung zur Ausfuhr eingeholt werden müssen, was aber unterblieben sei, womit also die Einfuhr in die DDR illegal und strafbar gewesen wäre. Gegen dieses Urteil des Berliner Landgerichts legte Schalcks Anwalt Revision ein, die aber vom Bundesgerichtshof 1997 verworfen wurde. Dagegen erhoben die Anwälte Verfassungsbeschwerde, die aber nicht zugelassen wurde. Die Begründung des Bundesverfassungsgerichts vom 17. März 1999 für die Ablehnung lautete neben anderem: »Das souveräne Recht der DDR, Handelsbeschränkungen der Bundesrepublik Deutschland zu unterlaufen, engt das souveräne Recht der Bundesrepublik, sich dagegen mit strafrechtlichen Sanktionen zur Wehr zu setzen, nicht ein. Sowohl die für die NVA der DDR bestimmten Nachtsichtgeräte wie auch die Pistolen und Revolver waren Waffen und Kriegsgerät im Sinne des Außenwirtschaftsgesetzes. Darauf, wie diese Güter tatsächlich eingesetzt wurden, kommt es nicht an. Der Export von solchen Waren, die jedenfalls auch militärisch nutzbar sind, gefährdet sicherheitspolitische Interessen Deutschlands und ist damit geeignet, das friedliche Zusammenleben der Völker zu bedrohen. Das Rechtsgut der Friedensstaatlichkeit (Art. 26 GG) hat Verfassungsrang.« Das sollte man sich hinter den Spiegel stecken und bei aktuellen Anlässen zur Anwendung bringen.

Nachdem also 1996 die Waffenhändler-Karte ausgespielt war und nicht so richtig gestochen hatte, zog man die »Stasi«-Karte. Das tat man schon fünf Jahre zuvor, indem gestreut wurde, dass Schalck-Golodkowski im Juni

Heinz Volpert (r.), Schalcks Führungsoffizier, auf einer Faschingsfeier bei Wolfgang Vogel (M.), 1977

1960 vom MfS verpflichtet worden sei und als Generalleutnant im Jahr 1989 »54.750 Mark, abzüglich 22.140, die aus Schalcks Nebeneinkünften als Staatssekretär einbehalten wurden« (*Spiegel* 9/1991), bezogen hätte.

Wahr ist, dass Schalck-Golodkowski im Spätsommer 1966 in der Normannenstraße zu Berlin per Unterschrift sich als Offizier im besonderen Einsatz (OibE) im Range eines Oberstleutnants verpflichtete. Aus diesem Anlass wurde er, begleitet von seinem Führungsoffizier Heinz Volpert, von Erich Mielke in dessen Arbeitszimmer empfangen und vom Minister persönlich beglückwünscht.

Wahr ist ferner, dass Staatssekretär Alexander Schalck-Golodkowski 1989 ein monatliches Salär von 5.659 Mark bezog, davon trug das MfS 2.329 Mark, also reichlich vierzig Prozent.

In seiner Erklärung, weshalb er geradezu panikartig sein Land verlassen habe, heißt es, er habe um sein Leben gefürchtet, fürchten müssen, als sich das MfS von ihm distanziert habe.

Da steht Aussage gegen Aussage. Schalck behauptet, Ende November habe ihn Mielkes Nachfolger, Wolfgang Schwanitz, angerufen und ihm mitgeteilt, dass man nichts mehr für ihn tun könne. Nach Auskunft von Schwanitz habe aber nicht er angerufen, sondern Schalck ihn. Er wolle sich als Mitarbeiter des MfS outen, sich also dekonspirieren, weil er meinte, dass ihn diese Offenbarung schützen würde. Das hielt Schwanitz für keine so gute Idee, denn inzwischen stand das Ministerium für Staatssicherheit am Pranger, die Volkskammer hatte am 17. November nicht grundlos die Bildung eines Amtes für Nationale Sicherheit beschlossen und Schwanitz, bis dahin Mielkes Stellvertreter, zu dessen Chef berufen. Der öffentliche Unmut, nicht unwesentlich geschürt durch die Sprachverstärker der Bürgerbewegten und wohl auch der Dienste des Westens, führte schon nach vier Wochen zur Auflösung des AfNS, am 14. Dezember verfügte die Modrow-Regierung das Aus. Das heißt, in jener Zeit wäre es geradezu selbstmörderisch gewesen, wenn sich ein Staatssekretär mit offener Brust hingestellt und erklärt hätte: Ich bin Offizier der Staatssicherheit!

Unabhängig von diesem Telefonat, das unterschiedlich von den beiden Beteiligten erinnert wird, hatte die Führung des MfS/AfNS beschlossen, *alle* Offiziere im besonderen Einsatz (OibE) – das waren in sicherheitsrelevanten Bereichen eingesetzte hauptamtliche Mitarbeiter des MfS mit einer zivilen Abdeckung – zu entpflichten. Das heißt, sie stillschweigend von ihrem konspirativen zweiten Arbeitsverhältnis zu entbinden, um ihnen die Möglichkeit zu geben, weiter unerkannt ihrer öffentlichen Profession nachzugehen. Aus dem doppelten Dienstverhältnis wurde also eins. Zu jener Zeit gab es rund dreitausend OibE im In- wie im Ausland. Mit allen, so hatte die Führung des Amtes beschlossen, sollte ein persönliches, kameradschaftliches Abschlussgespräch geführt werden, in dem für die oft jahrzehntelange Arbeit an der unsichtbaren Front gedankt und förmlich die Entpflichtung erklärt werden sollte.

Zu Schalck ging befehlsgemäß und seiner Bedeutung angemessen Generalleutnant Günter Möller, Leiter der Hauptabteilung Kader und Schulung, kurz: der langjährige Kaderchef des Ministeriums. Möller habe ihm eingeschärft, in der Öffentlichkeit nichts über seine Verbindung zum MfS verlauten zu lassen, sagte Schalck später, was er als eine ebenso bedrohliche wie bizarre Forderung empfunden habe. Ob dies von dem zwei Jahre jüngeren Möller auch so gemeint gewesen war, kann man nicht mehr feststellen: Der gelernte Werkzeugbauer verstarb 2008. Aber es gab keinen logischen Grund, sich von Schalck zu distanzieren und den Mantel des Schweigens über diese Verbindung zu breiten außer diesem: ihn zu schützen. Weshalb sollte der Staatssekretär durch seine Dekonspiration sich in Gefahr begeben?

Das war reichlich naiv gedacht, gewiss, aber niemand war sich damals der ganzen Wucht der anrollenden Aufarbeitungslawine bewusst, die sich in Bewegung gesetzt hatte.

Allerdings galt auch in Geheimdienstkreisen schon immer: Reden ist Silber, Schweigen ist Gold.

Und davon lagen im Keller der »Schlüsselburg« rund zwanzig Tonnen, eine Reserve, die Schalck angelegt hatte – um damit im Ernstfall eine Zahlungsunfähigkeit der DDR abzuwenden.

Dieses Gold war im Herbst 1988 erworben und in zwei Tranchen mit rund einer halben Milliarde D-Mark bezahlt worden. Am 8. Dezember 1989 wurde es an die Staatsbank der DDR überführt, auch physisch, dem Vernehmen nach soll es von der Wallstraße wenige Hundert Meter weiter heimlich in die unterirdischen Tresorräume der vormaligen Reichsbank, bis vor wenigen Tagen noch Sitz der Parteiführung, verbracht worden sein. Am 9. März 1990 berichtete der Chef der Volkskammerkommission zur Untersuchung von Amtsmissbrauch und Korruption über die Existenz von insgesamt 21,7 Tonnen Gold aus dem KoKo-Besitz. (Nach dem gegenwärtigen Goldpreis von rund 50 Dollar für ein Gramm bedeutete das heute 1,085 Milliarden Dollar).

1990 verlieren sich die Spuren des Edelmetalls.

Es taucht in keinem Dokument auf, sein Verbleib liegt im Nebel der deutschen Einheit.

Unterhändler

Die Beziehungen zwischen der DDR und der BRD wurden offiziell und inoffiziell gestaltet. Die geheimen Kontakte und Gespräche waren nicht nur dem Kalten Krieg geschuldet, sondern auch dem Misstrauen der jeweiligen Führungsmacht. Moskau und Washington betrachteten ihre Verbündeten eher als Vasallen und sprachen lieber über deren Köpfe und hinter ihrem Rücken miteinander über deutsche Fragen. Wobei diese Neigung besonders in Moskau ausgeprägt war, was dazu führte, dass in Bonn gelegentlich die Frage gestellt (und auch beantwortet) wurde: Warum mit Schmidtchen reden, gehen wir doch lieber gleich zu Schmidt …

»Schmidt« war Leonid Breshnew, von 1964 bis zu seinem Tode 1982 Generalsekretär des ZK der KPdSU, sowie seine Nachfolger Andropow, Tschernenko und, seit 1985, Gorbatschow. Sie alle wachten argwöhnisch über die deutsch-deutschen Kontakte, was sich insbesondere in den wiederholten Absagen einer Staatsvisite von Honecker niederschlug. Dieser war Ende 1981 von Bundeskanzler Helmut Schmidt zu einem offiziellen Besuch in die Bundesrepublik eingeladen worden; sein Nachfolger Helmut Kohl erneuerte diese Einladung wiederholt, aber Moskau untersagte mehrfach Honecker zu reisen – auch Gorbatschow tat dies. Über dessen Auflassung setzte sich 1987 Honecker schließlich hinweg und flog nach Bonn. Sein Vorgänger Walter Ulbricht – das war nun wirklich Ironie der Weltgeschichte – war aufgrund der gleichen selbstbewussten Eigenständigkeit durch ein von Honecker initiiertes Schreiben des Politbüros an Breshnew gestürzt worden. »Nicht nur in der Innenpolitik, sondern auch in unserer Politik *gegenüber der BRD* verfolgt Genosse Walter Ulbricht eine persönliche Linie, an der er starr festhält. Damit wird ständig der zuverlässige Ablauf des zwischen der KPdSU und der SED koordinierten Vorgehens und der getroffenen Vereinbarungen gegenüber der BRD gestört«, hieß es in jenem Anschwärzer-Brief vom 21. Januar 1971.

Bekanntlich hatten sich erstmals ein DDR-Ministerpräsident und ein BRD-Kanzler im März 1970 in Erfurt getroffen, in Kassel kamen zwei Monate später Willi Stoph und Willy Brandt erneut zu einem deutsch-deutschen Gipfel zusammen, was offenkundig der östlichen Führungsmacht missfiel und ein Grund war, Walter Ulbricht abzulösen.

Das erklärt, weshalb die DDR später lieber inoffiziell mit der BRD über verschiedene Kanäle in Kontakt trat. Einer der wichtigen Unterhändler hieß Alexander Schalck-Golodkowski.

Sein diesbezüglich erster Einsatz erfolgte 1966 auf der Herbstmesse in Leipzig. Diese fand wie stets im September statt. In Bonn deutete sich eine Regierungskrise an – die von Kanzler Ludwig Erhard (CDU) geführte Koalition aus Union und FDP drohte daran zu scheitern, dass die Liberalen einer geplanten Steuererhöhung, mit der das Haushaltsdefizit und die wachsende Staatsverschuldung eingedämmt werden sollte, die Zustimmung verweigerte. So sollte es denn auch kommen. Im Oktober verließen die FDP-Minister das Kabinett, im Dezember übernahm eine Große Koalition aus CDU/CSU und SPD die Regierungsgeschäfte. Aber auch außenpolitisch war die Bonner Politik in eine Sackgasse geraten: Die

Ehefrau Margareta mit den Kindern Thomas und Petra, 1966. Die Ehe sollte zehn Jahre später geschieden werden

sture Blockadehaltung gegenüber der DDR und dem Ostblock war nicht mehr durchzuhalten. Die Großwetterlage begann sich nicht zuletzt durch die Herstellung eines annähernden militärstrategischen Gleichgewichts zwischen den Großmächten zu ändern: Die Zeichen standen auf friedliche Koexistenz und nicht auf aggressive Konfrontation.

In dieser Situation fragte, betont beiläufig, ein Westberliner Unternehmer mit guten Kontakten zum von Willy Brandt geführten Senat, ob Schalck sich nicht einmal mit Wirtschaftssenator Dr. Karl König treffen wolle. (Der SPD-Politiker und Wirtschaftswissenschaftler König, das nur nebenbei, war bis 1975 Berliner Wirtschaftssenator. Als Präsident des Deutschen Instituts für Wirtschaftsforschung erlitt er 1979 auf der Rückfahrt von der Leipziger Frühjahrsmesse nach Westberlin einen Herzinfarkt. Nicht grundlos würdigte der Berliner Senat in einem Nachruf als »größte Leistung« des 68-Jährigen, dass es ihm gelungen sei, »die Isolierung, in die [West-]Berlin hinzugeraten drohte, aufzubrechen«. Er habe »die wirtschaftliche Verbindung mit dem Osten – insbesondere der DDR – verstärkt und ausgebaut. [...] Karl König hat sich mit großer Kraft dieser Ausweitung des Handels und der Kooperation mit unseren östlichen Nachbarn gewidmet« hieß es dort. »Er hat viele persönliche Kontakte mit östlichen Wirtschaftsfunktionären geknüpft und so allmählich eine Basis des Vertrauens geschaffen.«)

Einer dieser Kontakt- und Vertrauenspersonen war Schalck-Golodkowski, der die Offerte in Leipzig – von ihr völlig überrascht, aber doch deren Brisanz erkennend – umgehend an Mittag und Mielkes Vertrauten Volpert weitermeldete. Mittag begriff, im Unterschied zu Mielke, nicht, dass es sich um ein Signal zur Anbahnung deutsch-deutscher Gespräche handelte. Er hielt eine simple Benachrichtigung von Ministerpräsident Stoph für ausreichend. Mielke hingegen insistierte mit Nachdruck beim Premier und drängte auf ein solches Treffen. Egal, ob er dies aus politischen Erwägungen tat oder darauf hoffte, sich mit König eine geheimdienstliche Quelle in Westberliner Regierungskreisen zu erschließen: Mielke sorgte letzten Endes dafür, dass sich sein OibE Schalck in seiner Funktion als Stellvertretender Minister für Außen- und Innerdeutschen Handel mit dem Westberliner Wirtschaftssenator traf.

Im Mai 1967 fuhr dieser mit der S-Bahn nach Zehlendorf und traf sich mit König und dem Geschäftsmann, der die Begegnung in Leipzig angeregt hatte, zu Kaffee und Kuchen und Smalltalk. Anschließend lud ihn König privat zu sich nach Hause, man fuhr zu zweit im Daimler nach Friedenau, wo König eine große Altbauwohnung hatte. Dort, unter Stuckdecke und vier Augen, entwickelte König ein Konzept zur Erweiterung des Handels zwischen Westberlin und der DDR. Er schlug erstens die Errichtung eines Braunkohlekraftwerkes in der DDR vor; die Turbinen der AEG, die dort eingebaut werden würden, sollte die DDR mit nach Westberlin geliefertem Strom bezahlen. Zweitens bot er eintausend in Westberlin produzierte Eisenbahnwaggons zu Sonderpreisen an. Einzige Bedingung: alles »leise« zu regeln, Diskretion statt politischer Propaganda. Denn: Die Deutsche Industriewerke AG, der Anbieter dieser Waggons, stand kurz vor der Pleite – der Auftrag aus der DDR würde dem Unternehmen die Existenz sichern, das sollte Ostberlin aber nicht an die große Glocke hängen. Bei Diskretion werde man auch über mehr reden. Beispielsweise würde man demnächst mit Bohrungen nach vermuteten Erdgasvorkommen unter der Stadt beginnen, vielleicht böte sich da die Chance einer Kooperation ...

Schalck informierte nach seiner Rückkehr Stoph und Mielke und bereitete einen Finanzierungsplan für den Kauf der Eisenbahnwaggons vor, welchen König akzeptierte: halbjährliche Ratenzahlungen, Laufzeit zehn Jahre, Zinsen sieben Prozent, Überweisung der ersten Tranche am 1. Juli 1970.

Die Chemie zwischen Schalck, Mitte 30, und dem Mittfünfziger König stimmte. Schon beim dritten Treffen sprachen sie auch über neuralgische Themen. Westberlin pumpte seine Abwässer auf die Rieselfelder vor den Toren Berlins, schließlich hatten die Stadtväter bei der Anlage des Systems nicht vorgesehen, dass die Stadt einmal geteilt sein würde. Dafür jedoch weigerte sich bis dato der Senat zu zahlen – wie er auch für die Instandhaltung der durch Ostberlin führenden U-Bahn-Linie.

König erklärte, dass der Senat bereit sei, die Forderungen der DDR als legitim anzuerkennen und sie auch zu begleichen.

Darüber hatte vor und nach dem Mauerbau Westberliner Regierungsstellen sich grundsätzlich geweigert zu reden, denn es galt, alles zu vermeiden, was den Eindruck vermittelte, Ostberlin bzw. die DDR seien ebenbürtige und akzeptierte Verhandlungspartner. Deren Nichtanerkennung war nicht nur Ausdruck von Ignoranz der Realität, sondern erklärtes politisches Programm des Westens. Dieses stellte König damit infrage.

Auf solche Weise waren politische wie auch wirtschaftliche Interessen beider Seiten miteinander verwoben. Das war die Schnittstelle, an der Schalck fortan bis Ende 1989 arbeiten sollte. Sein Kerngeschäft bestand in der Erwirtschaftung von Devisen mit KoKo, aber das bedeutsamere Nebengeschäft war die Herstellung von politischen Rahmenbedingungen zur Verbesserung der Beziehungen zwischen den beiden deutschen Staaten einschließlich jener zwischen Westberlin und der DDR. Das machte seine Sonderstellung als diskreter Unterhändler zwischen den beiden Welten aus. Es gab mit Rechtsanwalt Wolfgang Vogel noch einen zweiten, doch der war kein Ökonom, sondern Jurist.

In der Folgezeit sollte Schalck-Golodkowski auf vielen Feldern aktiv werden: Westberliner Abwasser, S- und U-Bahn in Berlin, Müllentsorgung, Schleusenregelungen, Transit von Energie und Erdgas, Postpauschale, Straßenbenutzungsgebühren, Gebietsaustausch, Richtfunkverbindungen etc. Für die Realisierung der Devisengeschäfte mit der BRD und Westberlin sowie dem Ausland waren am Ende rund dreitausend Mitarbeiter und rund hundert Leitungskader bei KoKo beschäftigt – als politischer

Unterhändler hingegen blieb Schalck-Golodkowski im Wesentlichen ein Einzelkämpfer.

Sein Gesprächs- und Verhandlungspartner Karl König hatte Zugang zu den wichtigen Personen der Westberliner und Bonner Politik: zu Brandts Nachfolgern auf dem Stuhl des Westberliner Regierenden Bürgermeisters Heinrich Albertz und Klaus Schütz, zu Egon Bahr und zu Willy Brandt selbst – erst Außenminister, dann Bundeskanzler –, ebenfalls zum Bundesminister für Gesamtdeutsche Beziehungen Herbert Wehner, später SPD-Fraktionschef (vermutlich der wichtigste Mann hinter König), und auch zu Bundeskanzler Kurt Georg Kiesinger, der bis 1969 amtierte.

Auf DDR-Seite war der Kreis jener, die über Schalcks diskrete Gespräche mit König informiert waren, ebenfalls sehr überschaubar. Es handelte sich um Staats- und Parteichef Walter Ulbricht, Premierminister Willi Stoph, Wirtschaftssekretär Günter Mittag, der Minister für Staatssicherheit Erich Mielke und natürlich Schalcks Führungsoffizier Heinz Volpert.

Die Kontakte zwischen beiden Unterhändlern gingen über sechs Jahre und waren sehr intensiv, mitunter sah man sich an einem Tag mehrere Male. Dabei entwickelte sich geschäftsmäßige Routine in jeder Hinsicht. Schalck fuhr mit der S-Bahn vom Bahnhof Friedrichstraße zur Station Wilmersdorf und schlenderte zu Fuß zum Cosima-Platz, wo König wohnte. Selten, dass er dort unangemeldet aufkreuzte, aber auch das geschah. Mitunter stand er dann vor verschlossener Tür, oder er weckte am Wochenende König aus seinem Nachmittagsnickerchen, was ihm dieser bisweilen übel nahm wie auch dessen Frau, eine bekannte Theaterfotografin. Sie raunzte Schalck schon mal an: »Sie sind ja schon wieder da.«

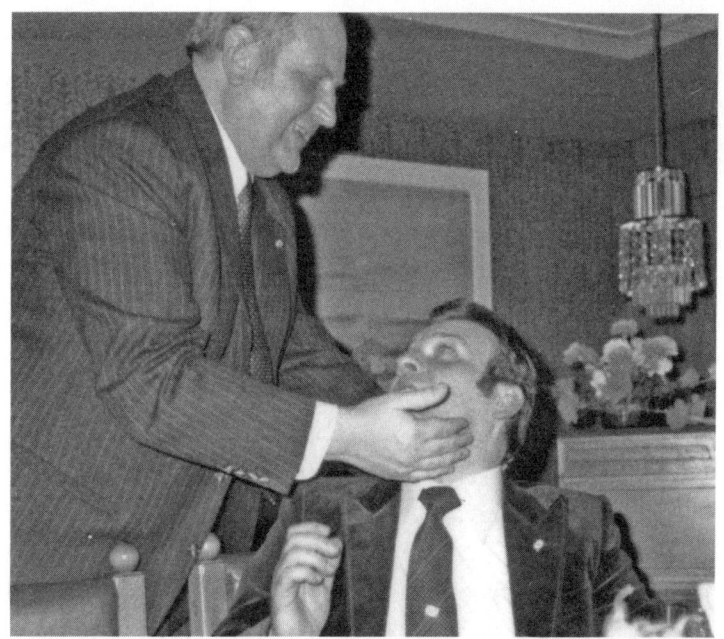

Freundschaftlicher Klaps: Schwager Manfred Gutmann auf Schalcks Geburtstagsfeier 1980

Die Gespräche waren pragmatisch und nicht weltanschaulich bestimmt, es ging primär um Ökonomie und nicht um Ideologie, König wollte das Frontstadt-Image überwinden und die Westberliner Wirtschaft entwickeln, Schalck die DDR politisch und ökonomisch stärken und aus der Isolation führen, in die der Westen sie seit Anbeginn gedrängt hatte. Aus dieser partiellen Interessenübereinstimmung erwuchs Gemeinsamkeit.

Dabei zeigte sich, dass König über weitaus größere Fantasie verfügte – in der Politik nennt man das Visionen – als Schalck-Golodkowski. Aus dem Plan, ein Braunkohlekraftwerk zur Sicherung der Energieversorgung Westberlins in der DDR zu errichten, wurde schließlich die Überlegung, ein supermodernes westliches

AKW in der Brandenburger Mark zu installieren. Das unterblieb jedoch mit Rücksichtnahme auf den Großen Bruder. Es stand zudem dahin, ob die Bestimmungen von CoCom einen solchen Technologietransfer überhaupt zulassen würden. Dem auf Initiative der USA Ende 1949 gebildeten »Koordinationsausschuss für mehrseitige Ausfuhrkontrollen« gehörten inzwischen siebzehn Staaten an, die sich dem Diktat einer ständig aktualisierten Verbotsliste und der Beschränkung des Handels unterwarfen. Auf diese Weise wurde der Osten absichtsvoll von der internationalen Arbeitsteilung ausgeschlossen mit dem Ziel, den Rückstand zum Westen bei Forschung und Technik zu vergrößern. Um dieses Verdikt zu unterlaufen, sahen sich die östlichen Staaten gezwungen, Embargogüter und wissenschaftliche Unterlagen zu beschaffen. In der DDR waren dafür der Bereich Kommerzielle Koordinierung im Ministerium für Außenhandel und der Sektor Wissenschaft und Technik (SWT) im Ministerium für Staatssicherheit zuständig. Sie besorgten illegal, was legal auf dem Weltmarkt aufgrund des Westboykotts nicht zu bekommen war. Zwar wurde 1994, nach dem Abzug der Russen aus Deutschland, der CoCom-Ausschuss aufgelöst. Doch an dessen Stelle trat das Wassenaar Abkommen. 2012 hatten sich der Exportkontrolle von konventionellen Waffen und doppelverwendungsfähigen Gütern und Technologien (*The Wassenaar Arrangement on Export Controls for Conventional Arms and Dual-Use Goods and Technologies*) bereits 41 Staaten angeschlossen, darunter alle einstigen CoCom-Staaten. Die Volksrepublik China und Indien sind übrigens nicht dabei.

Aus Königs Braukohlekraftwerk bzw. dem AKW wurde nichts. Wohl aber kam es zu einer »schalterlosen« Überlandleitung vom Bundesgebiet nach Westberlin, die von der DDR nicht unterbrochen werden konnte. Sie kam in den 80er Jahren nach inoffiziellen Gesprächen zwischen dem Unterhändler Schalck-Golodkowski und dem Staatssekretär im Bundeswirtschaftsministerium Dieter von Würzen zustande. Dieser Stromanschluss nahm der DDR einerseits ein politisches Druckmittel und band Westberlin stärker noch an die Bundesrepublik. Andererseits traf dies auch auf die DDR zu: Für den Bau und den Energietransit bezahlte die Bundesrepublik mit Stromlieferungen, d. h. die DDR wurde de facto in den westeuropäischen Energieverbund integriert.

Die Unterhändler Schalck-Golodkowski und König erörterten viele offene politische Fragen, die später – sofern sie nach Erörterung in den jeweiligen Gremien auf beiden Seiten als sinnvoll betrachtet und in entsprechende Form gegossen worden waren – offiziell verhandelt wurden. Erst dann erfuhr die Öffentlichkeit Thema und Gegenstand, nie aber, *wer* die Sache eingefädelt hatte.

Maßgabe war, dass beide Seiten Nutzen daraus zogen, und der musste sowohl wirtschaftlicher als auch politischer Natur sein. Es ist müßig, darüber zu rätseln, wer etwa vom Ausbau der Grenzübergangsstelle in Drewitz, von der Öffnung des Teltowkanals für die Binnenschifffahrt, der Anbindung Westberliner Betriebe an das Schienennetz der Deutschen Reichsbahn oder von der Entsorgung von zwei Millionen Kubikmeter Westberliner Bauschutt mehr profitierte: der Westen oder der Osten? Tatsache bleibt, dass Schalck existenzielle Probleme Berlins und damit der beiden deutschen Staaten mit seinem Westberliner Gesprächspartner konstruktiv löste, obgleich die Ausgangslage konträr war.

Für Senator Karl König nämlich gehörte Westberlin zur Bundesrepublik, auch wenn bestimmte Vorbehaltsklauseln der Vier Mächte dem entgegenstanden. Entscheidend war das Geld, mit dem man in Westberlin zahlte: Es war die gleiche Währung, die auch in der Bundesrepublik Deutschland im Umlauf war.

Die DDR hingegen war der Auffassung, dass es auf dem Territorium des einstigen Deutschen Reiches drei verschiedene Völkerrechtssubjekte gab: die Deutsche Demokratische Republik, die Bundesrepublik Deutschland und die selbständige politische Einheit Westberlin, die nicht zur Bundesrepublik gehörte und darum auch nicht von ihr regiert werden durfte, wie die stets angefügte Formel lautete.

Dem jedoch stand die Wirklichkeit entgegen: 1961, im Jahr des sogenannten Mauerbaus, arbeiteten rund 18.000 Bundesbedienstete in Westberlin, mehr als in der Bundeshauptstadt Bonn. Sie waren beschäftigt in den Außenstellen aller Bundesministerien sowie in elf Bundesbehörden. Und jene Behörden, die ihren Sitz in »Westdeutschland« hatten, unterhielten Ableger in Westberlin. Und nicht zuletzt: Der Bonner Bundestag trat demonstrativ regelmäßig im Reichstag zusammen, um auf diese Weise die Zusammengehörigkeit zu bekunden, was eindeutig gegen das in Berlin geltendes Recht der Vier Mächte verstieß. In den Hochzeiten des Kalten Krieges beließ es die Sowjetunion nicht bei Protestnoten. Sie ging gegen diese Provokation beispielsweise auch mit ihren Jagdfliegern vor: Diese durchbrachen über dem Reichstag die sogenannte Schallmauer, was bekanntlich einen ohrenbetäubenden Knall erzeugt.

Das alles ignorierten Schalck-Golodkowski und König, sie fanden im trauten Tête-à-tête die Urformel, die bis zum Ende der DDR die Basis für alle deutsch-deutschen Verhandlungen bilden sollte: politische Leistungen der DDR gegen finanzielle Leistungen des Westens. Schließlich wollte die politische Klasse der BRD inklusive Westberlins, um in den Augen ihrer Wähler in der Auseinandersetzung mit »dem Kommunismus« erfolgreich zu erscheinen, der DDR-Seite Zugeständnisse – etwa »menschliche Erleichterungen« – und andere nützliche Zusagen abtrotzen. Dafür war man bereit zu zahlen. Was nicht nur ideologisch motiviert war: Im Kapitalismus ist schließlich alles Ware und hat darum seinen Preis. Die Verhandlungsformel entsprach also der Logik und den Gesetzen der Marktwirtschaft. Und diese haben bekanntlich nichts mit Moral oder Ethik, sondern mit Interessen und Bedürfnissen zu tun.

Dem Unterhändler Schalck ging es wie dem Dr. Heinrich Faust: Zwei Seelen wohnen, ach! in meiner Brust. Bei diesem inneren Konflikt, ob man nicht mit solchen Geschäften auch seine politischen Prinzipien verkaufe, obsiegte bisweilen die kaufmännische Seite.

Zu Beginn der 70er Jahre verhandelte Schalck-Golodkowski mit König über das Areal des Potsdamer Bahnhofs, einen schmalen Streifen von 85.000 Quadratmetern, der zur DDR-Hauptstadt gehörte, aber als Niemandsland zwischen Tiergarten, Kreuzberg und Mitte brach lag. Westberlin zeigte sich daran interessiert.

Nun hätte man gewiss einen Gebietsaustausch gegen Westberliner Exklaven auf DDR-Territorium vornehmen können, doch Schalck machte daraus ein lukratives Immobiliengeschäft. König, also der Westberliner Senat, bot 25 Millionen D-Mark, Schalck forderte zehn Millionen mehr. Am Ende bekam er respektive die DDR 31 Millionen.

Allerdings trug das der DDR in Moskau gehörigen Ärger ein, weshalb Honecker wütend Schalcks geheime Gespräche mit König über den Verkauf des angrenzen-

1977: Schalck mit Schwager Manfred Gutmann

den Lenné-Dreiecks, auf dem einst das Columbushaus gestanden hatte, zunächst stoppte. Die sowjetische Führung hatte über ihre Kanäle erfahren, dass Geld geflossen war, und bei Geld hört bekanntlich die Freundschaft auf. Man habe unter großen Opfern Berlin befreit, da gehe es nicht an, Gebiete an den Feind zu verkaufen, kam die Botschaft aus Moskau.

Natürlich war das demagogisch: Dass die Westsektoren der Stadt von den einstigen Verbündeten in der Antihitlerkoalition besetzt und unverändert beherrscht wurden, war ja nicht Schuld der DDR – sofern sich die

Schuldfrage angesichts der Nachkriegspolitik der Großmächte überhaupt stellte. Und aufgrund der Preisgabe der ganzen DDR durch die Sowjetunion 1989/90, wofür auch Geld geflossen ist, verbietet sich heute jeder diesbezügliche Kommentar von selbst. Gleichwohl schlug die Veräußerung des Areals des Potsdamer Bahnhofs damals heftige Wellen. Erich Honecker, mit Moskaus Hilfe kurz zuvor Erster Sekretär des ZK der SED geworden, gab den Unmut an Stoph und Mielke weiter, diese hatten schließlich (gleich ihm) Schalcks Vorgehen gebilligt.

Zur historischen Wahrheit gehört aber auch anderes, was hier nicht ausgeblendet werden sollte, weil es die subjektive Verantwortung der Beteiligten doch ein wenig relativiert. Das ist in Zeiten, in denen die Rolle einzelner Persönlichkeiten für den Verlauf der Geschichte gemeinhin sehr überhöht wird, nicht unerheblich.

Den politischen Gezeitenwechsel hin zu einer Politik der Entspannung markierte das Vierseitige Abkommen über Berlin, das am 3. September 1971 in der einstigen Alliierten Kommandantur in (West-)Berlin nach langen Verhandlungen unterzeichnet worden war. Darin gestanden die Sowjetunion, die USA, Großbritannien und Frankreich unter anderem dem Berliner Senat und der DDR-Regierung das Recht zu, über streitige Territorien direkt miteinander zu verhandeln. Am 21. Dezember 1971 wurde eine »Vereinbarung über die Regelung von Enklaven durch Gebietsaustausch« geschlossen. Diese Vereinbarung trat zusammen mit dem Vierseitigen Abkommen der Siegermächte am 3. Juni 1972 in Kraft.

Gemäß dieser deutsch-deutsche Regelung bekam die DDR 15,6 Hektar und Westberlin 17,1 Hektar zugesprochen, darunter eben auch jene 8,5 Hektar mit dem (heutigen) Potsdamer Platz, die Dank Schalcks Verhandlungsgeschick der DDR-Devisenkasse jene 31 Millionen D-Mark eintrug.

1988 sollten noch einmal knapp hundert Hektar an Westberlin gehen, darunter auch das Lenné-Dreieck und ein Streifen an der Bernauer Straße, auf dem sich heute der »Mauerpark« befindet. Für alles zahlte der Senat nach vierjährigen Verhandlungen 76 Millionen D-Mark. Dies soll nicht ohne den ausdrücklichen Hinweis erwähnt worden sein, dass – entgegen anderslautenden Behauptungen – keine Seite damals davon ausging, dass schon nach einem reichlichen Jahr sich die Teilung der Stadt erledigt haben würde. In Westberlin, Bonn und in der Hauptstadt der DDR ging man vom unbefristeten Fortbestand des Status quo aus. Für so marode, pleite und politisch instabil, wie später und noch immer behauptet, hielt man die DDR wahrlich nicht, dass man ihr nahes Ende vor Augen gehabt und die Millionen lieber behalten hätte.

Mit dem Ende 1972 unterzeichneten und ein halbes Jahr später inkraft gesetzten Grundlagenvertrag wurden die Karten im deutsch-deutschen Spiel neu gemischt. Vorausgegangen waren Verträge der Bundesrepublik mit der Sowjetunion und mit Polen (beide 1970) und das Vierseitige Abkommen der Alliierten über Berlin mit einem Transitabkommen zwischen der BRD und der DDR im Gefolge. Zu dieser neuen Ostpolitik der von Kanzler Willy Brandt geführten Bundesregierung gehörte auch der 1973 zwischen Bonn und Prag geschlossene Vertrag.

Alle diese Abkommen trugen erheblich zur Normalisierung der internationalen Beziehungen bei. In der Bundesrepublik stand dies unter der Maßgabe »Wandel durch Annäherung«, in der DDR wertete man dies als Ausdruck einer angestrebten friedlichen Koexistenz. Allerdings fand der auf beiden Seiten postulierte Wettstreit der Systeme nicht mit fairen Mitteln statt, die Auseinandersetzung erfolgte unverändert konfrontativ. Die Instrumente des Kalten Krieges wie etwa die CoCom-Liste, Handelsembargos und Boykotte waren unverändert im Einsatz, der Propaganda-Krieg und der Kampf um die Köpfe wurde uneingeschränkt fortgesetzt, gar forciert, auch wenn statt des Holzhammers nunmehr das Florett zum Einsatz kam. Am Wesen des Konfliktes, der im Osten als Klassenkampf bezeichnet wurde, änderte sich trotz Entspannungspolitik nichts.

Unterhändler wie Alexander Schalck-Golodkowski wurden darum nicht arbeitslos. Im Gegenteil.

In Bonn trat Anfang Mai 1974 Willy Brandt als Bundeskanzler zurück. Formaler Anlass war die sogenannte Guillaume-Affäre – die Enttarnung eines persönlichen Mitarbeiters als DDR-Spion. Doch der tatsächliche Grund für den vermeintlich überraschenden Rücktritt war komplexer Natur. Brandt galt als amtsmüde und stand deshalb in der Kritik seines politischen Umfeldes, zudem litt er an Depressionen, hatte Alkoholprobleme und Affären. Das alles wurde zu seiner Diffamierung eingesetzt, auch innerhalb der SPD, weshalb er Knall auf Fall verärgert ausstieg.

Sein Nachfolger wurde Finanzminister Helmut Schmidt, der – neben Herbert Wehner – Brandts schärfster innerparteilicher Kritiker war. Schmidt wollte den inoffiziellen Dialog mit der DDR jedoch nicht abreißen lassen, weshalb er schon unmittelbar nach Übernahme des Amtes Karl Otto Pöhl nach Westberlin schickte, wo sich der Staatssekretär im Bundesfinanzministerium mit DDR-Staatssekretär Schalck-Golodkowski in einem Gebäude der schwedischen Kirche im Grunewald traf. Pöhl hatte das Mandat des Bundeskanzlers, Schalck das des Ersten Sekretärs des ZK der SED.

Die Initiative für dieses erste Treffen im Juli 1974 war von Herbert Wehner ausgegangen. Der hatte über Rechtsanwalt und Unterhändler Wolfgang Vogel die Bitte nach einem solchen Kanal an Erich Honecker herangetragen und auch den Namen des Unterhändlers genannt, den ihr Mann zu treffen wünsche: Alexander Schalck-Golodkowski.

Der SPD-Fraktionschef Wehner gehörte in den 30er Jahren der exilierten KPD-Führung in Moskau an und setzte sich in Schweden von der Partei ab, er führte die SPD in den 50er Jahren nach Bad Godesberg und machte sie in der kapitalistischen BRD regierungsfähig, und als sie regierte, knüpfte er legale und auch konspirativ

In Moskau wird die Sojus-Kapsel besichtigt

Kontakte in die DDR. Im Mai 1973 war er gemeinsam mit FDP-Fraktionschef Mischnick bei Erich Honecker in der Schorfheide gewesen, was dazu geführt hatte, dass in den BRD-Medien das Gerücht gestreut wurde, er unterhalte Sonderkontakte zum SED-Chef. Norbert Blüm (CDU) wurde nach einem Gespräch mit dem stellvertretenden Chefredakteur der Moskauer Regierungszeitung *Iswestija* mit dem Satz zitiert: »Das Gesprächsergebnis lässt sich so deuten, dass die Kontakte zwischen Wehner und Honecker enger sind, als der Öffentlichkeit bekannt.« Das stand im *Spiegel* vom 2. September 1974, also wenige Wochen nach dem von Wehner initiierten Treffen im Grunewald.

So falsch lag Blüm mit seiner Vermutung also nicht. Und da diese Annahme in Moskau geweckt worden war, konnte man daraus schließen, dass der Kreml über eigene Quellen verfügte, die die geheimen deutsch-deutschen Gespräche vermeldet hatten.

Pöhl – er sollte 1980 Präsident der Bundesbank werden – trug Schalck die Liste der im Auftrag von Schmidt zu verhandelnden Punkte vor. Sie enthielt auch jene Positionen, die Honecker Wehner hatte wissen lassen, etwa den Bau einer Autobahn von Westberlin nach Hamburg und Verhandlungen über den Mindestumtausch. Seit 1964 mussten nämlich Bundesbürger bei der Einreise in die DDR pro Tag fünf D-Mark im Verhältnis 1:1 in DDR-Mark umtauschen, Westberliner drei. Rentner und Kinder waren von diesem Zwang befreit. Im Vorjahr, also 1973, waren die Unterscheidung von Bundesbürger und Westberliner auf- und der Tarif angehoben worden. Alle westlichen Ausländer mussten pro Person und Tag 20 D-Mark zahlen. Lediglich der Besuch der DDR-Hauptstadt war preiswerter, er kostete die Hälfte.

Doch nicht nur die Tatsache, dass auch Rentner und Kinder nunmehr den vollen Betrag zu entrichten hatten, ließ im Westen die Volksseele kochen. Es war die drastische Erhöhung des sogenannten Eintrittsgeldes. Um der Geschichte vorzugreifen: Die DDR zeigte sich »einsichtig« und reduzierte 1974 auf 13 bzw. 6,50 D-Mark, Rentner und Kinder bis 16 Jahren mussten nichts mehr zahlen. Sechs Jahre später wurde erneut angehoben, pro Person und Tag wurden 25 D-Mark fällig. Die Regelung sollte erst am 24. Dezember 1989 von der DDR außer Kraft gesetzt werden.

Im konspirativen Gespräch im Grunewald machte Pöhl die neue Akzentuierung unter Schmidt bei künftigen Geschäften deutlich. Bonn werde nur auf ökonomische Wünsche der DDR reagieren, wenn diese im Gegenzug humanitäre Probleme im Sinne Bonns löse. Ein solche Vorleistung, ein solches ultimatives Junktim war von Schmidts Vorgänger nie verlangt worden, entsprechend abweisend reagierte Schalck zunächst.

Pöhl ruderte diplomatisch zurück, sprach von einer »Politik der kleinen Schritte« und dass man die Zusammenhänge großzügiger sehen solle, schließlich läge die Verbesserung der Lage der Menschen auf beiden Seiten in wechselseitigem Interesse.

Zwischen 1974 und 1982 kam auf diese Weise eine Reihe von Vereinbarungen zustande, welche durchaus einen Januskopf trugen. Auf der einen Seite entsprachen diese Abkommen dem »Geist von Helsinki« – dort war 1975 nach mehrjährigen Verhandlungen von 35 Staats- und Parteichef die Schlussakte der Konferenz für Sicherheit und Zusammenarbeit in Europa (KSZE) unterzeichnet worden. Dieses Vertragswerk beförderte Normalität und Entspannung auf dem Kontinent und zwischen den Blöcken, weckte aber auf der östlichen Seite auch falsche Hoffnungen und Illusionen, denn der Westen hatte keineswegs die Überwindung des Realsozialismus aufgegeben.

Auf der anderen Seite entstanden durch die ökonomischen Verflechtungen zunehmend Abhängigkeiten, denen die DDR nur unschwer entkam. Letztlich hatte sie auch keine andere Überlebenschance, als sich im Westen zu verschulden: Rohstoffe, Lebensmittel, Technik und Technologien mussten – mitunter gegen die eigene Überzeugung – im Westen erworben werden, weil die ökonomische Zusammenarbeit im Rat für gegenseitige Wirtschaftshilfe (RGW) nicht so funktionierte, wie man es erwartete. Oft war die UdSSR bei den vereinbarten Lieferungen säumig. Um sich dennoch als hoch entwickeltes Industrieland zu behaupten, musste die DDR vieles aus dem Nichtsozialistischen Wirtschafts- oder Währungsgebiet (NSW) einführen, weil man es bei den Verbündeten einfach nicht bekam. Um jedoch die dafür benötigten Devisen zu erwirtschaften, mussten Erzeugnisse exportiert werden, die der Versorgung der eigenen Industrie und der Bevölkerung entzogen wurden. Dadurch setzte eine Entwicklung ein, die zwangsläufig zu Überschuldung und Abhängigkeit führte, die wiederum die DDR auch politisch erpressbar machten. Und was sich verhängnisvoll auf den Binnenmarkt der DDR auswirkte.

Zudem verringerte sich der Spielraum, die bestehenden politischen Verhältnisse zu verändern, sie zu erweitern, den Sozialismus zu reformieren, was die Ulbrichtsche Führung in den 60er Jahren angegangen war. Denn das sowjetische Modell hatte erkennbare Grenzen, was nicht erst auf dem XX. Parteitag der KPdSU 1956 offenbar wurde. In der SED war man sich dessen sehr wohl bewusst, schließlich hatten führende Genossen Jahre des Exils in der Sowjetunion zugebracht und die gesellschaftliche Praxis vor Ort studieren können bzw. müssen.

Beim letzten offiziellen Besuch Ulbrichts als Staats- und Parteichef in Moskau am 21. August 1970 – ohne zu wissen, dass er auch deshalb schon wenige Monate später gestürzt werden sollte – hatte der Mann aus Berlin Breshnew explizit erklärt: »Jetzt haben wir keine solchen Ausreden wie früher wegen der Überreste des Kapitalismus. Das gilt nicht nur für die materiellen Fragen, sondern auch für die ideologischen Fragen. Denn die Ideologie und Kultur entwickeln sich jetzt auf der eigenen sozialistischen Basis. Früher standen wir sozusagen immer noch mit einem Bein im Kapitalismus.« Und damit sein Gegenüber wirklich begriff, was er damit meinte, fügte Ulbricht unmissverständlich an: »Wir sind nicht Belorussland, wir sind kein Sowjetstaat.«

Die DDR wollte raus aus dem Prokrustesbett, in das die Sowjetunion sie bei ihrer Gründung 1949 gelegt hatte – wohl wissend, dass sie ohne die UdSSR als Bundesgenossen nicht würde existieren können. Dessen war sich auch Walter Ulbricht bewusst. Er wollte nicht die eine Abhängigkeit gegen eine andere tauschen. Sondern: »Wir wollen […] echte Kooperation.«

Die sollte bis zum Untergang der DDR nie zustande kommen.

Nach Pöhl wurde 1975 Schalcks geheimer Gesprächspartner Carl-Werner Sanne, ein Abteilungsleiter im Bundeskanzleramt, mit dem ein Treffen zwischen Schmidt und Honecker am Rande der KSZE-Konferenz 1975 in der finnischen Hauptstadt arrangiert wurde.

Danach wurde es Günter Gaus – von 1974 bis 1981 Ständiger Vertreter der Bundesrepublik *bei* (nicht *in*) der DDR, worauf der vormalige *Spiegel*-Chefredakteur und hanseatische Sozialdemokrat großen Wert legte. Er war maßgeblich daran beteiligt, dass der Gesprächsfaden zwischen Bonn und Berlin nicht riss. Und er drohte gekappt zu werden, als eine neue Eiszeit zwischen den Großmächten anbrach und die Sowjetunion alle laufenden Abrüstungsverhandlungen mit Aplomp verließ.

Bundeskanzler Helmut Schmidt hatte in den auslaufenden 70er Jahren eine »Raketenlücke« auf westlicher Seite ausgemacht. Die Sowjetunion vulgo der Warschauer Pakt erlangte nach seiner Überzeugung durch die seit 1976 laufende Ersetzung seiner Mittelstreckenraketen durch SS-20 eine nicht hinnehmbare Überlegenheit. Daraufhin fasste die NATO Ende 1979 auf sein Drängen den sogenannten Doppelbeschluss: Sie rüstete *nach*, indem sie in Westeuropa Pershing II und Cruise Missiles stationierte – und bot dem Warschauer Pakt Verhandlungen über die Begrenzung atomar bestückter Mittelstreckenraketen der UdSSR und der USA an; die britischen und die französischen Nuklearwaffen wurden explizit davon ausgenommen.

Das war die demagogische Tünche für die angebliche Nachrüstung, die in Wahrheit eine Vorrüstung war. Die neuen operativ-taktischen Mittelstreckenraketen der NATO erreichten auch die Basen in der Sowjetunion mit den Interkontinentalraketen und wurden damit zu strategischen Waffen – während die sowjetischen Mittelstreckenraketen lediglich Ziele in Westeuropa, nicht aber die Interkontinentalraketen in den USA erreichten. Das waren natürlich alles nur theoretische Überlegungen, und angesichts der Option des mehrfachen Overkills ohnehin aberwitzig. Aber, und das war das Problem: Die Sowjetunion stationierte als Antwort in der DDR und in der CSSR unmittelbar hinter den Grenzen atomar bestückte Kurzstreckenraketen, womit die Vorwarnzeit auf wenige Minuten schrumpfte und die Gefahr dramatisch zunahm, dass durch einen Computer- oder anderen technischen Fehler eine Katastrophe ausgelöst werden könnte.

Nahezu zeitgleich mit dem NATO-Beschluss marschierten sowjetische Truppen in Afghanistan ein, um der dort seit anderthalb Jahren herrschenden Demokratischen Volkspartei zu Hilfe zu eilen, die ein von der CIA initiierter und finanzierter Bürgerkrieg hinwegzufegen drohte. Auf die Intervention reagierte der Westen unter anderem mit einem Boykott der Olympischen Spiele im Sommer 1980 in Moskau, worauf sich sukzessive die Sowjetunion aus allen Abrüstungsverhandlungen und -gesprächen zurückzog.

Die USA besetzten Grenada, ein etwa 350 Quadratkilometer großes Eiland in der Karibik, dort hatte das Militär 1979 eine reaktionäre, von den USA ausgehaltene Diktatur gestürzt und Kontakte zu Moskau und Havanna geknüpft, was den seit 1981 amtierenden US-Präsidenten Roald Reagan, einem erklärten Falken, zur militärischen Besetzung der Insel veranlasste. Das geschah im Oktober 1983 – einen Monat zuvor war im sowjetischen Luftraum ein koreanischer Jumbo mit 269 Menschen abgeschossen worden ...

In jenen Jahren stand der Weltfrieden auf des Messers Schneide, der Kalte Krieg war nach Jahren der Entspannung sichtlich in die internationalen Beziehungen zurückgekehrt.

Honecker scherte aus der von Moskau den Verbündeten verordneten konfrontativen Linie aus und versuchte, eigenmächtig eine blockübergreifende »Koalition der Vernunft« zu schmieden. Der in den 40er Jahren von Antifaschisten geleistete Schwur, dass von deutschem Boden nie wieder Krieg ausgehen dürfe, veranlasste ihn, die atomar bestückten Mittel- und Kurzstreckenraketen, die in den beiden deutschen Staaten von den Großmächten installiert worden waren, unterschiedslos als »Teufelszeug« zu bezeichnen, das verschwinden müsse. Das hörte man in Moskau gar nicht gern. Erich Honecker spielte mit seinem politischen Schicksal.

Sein Beauftragter und geheimer deutsch-deutscher Unterhändler Schalck-Golodkowski konferierte unterdessen intensiv mit Günter Gaus, wohl wissend, dass eine ökonomische Verzahnung friedenserhaltend wirkte. Im Krieg konnten Konzerne nichts verdienen.

Die meisten inoffiziellen Gespräche fanden beim Frühstück statt, und sie erfolgten – da Gaus von Haus aus Journalist war – in meist lockerer Atmosphäre. Schon ihr zweites Treffen im Jahr 1975 eröffnete Gaus mit der entwaffnenden Frage: »Wollen wir über Formalitäten reden oder erst einmal übers Geld?«

Günter Gaus bei Erich Honecker, 1974

Der Kaufmann Schalck hielt sich bei Letzterem für versierter, und so sprach man über Transitpauschalen, Mindestumtausch und dergleichen, bis Schalck merkte, dass er sich hinsichtlich seiner eigenen Fähigkeiten und der Möglichkeiten von Gaus getäuscht hatte. Er kannte zwar den entsprechenden DDR-Teil, nicht aber Hintergründe und Gesetze, die davon in der Bundesrepublik tangiert wurden. In der DDR wurde zentral »durchgestellt«, in Bonn mussten verschiedene Ministerien, Behörden und private Unternehmen konsultiert und in Entscheidungen einbezogen werden. Da waren mitunter die Wege lang und steinig, ehe eine Eisenbahn- oder Autotrasse und deren Finanzierung standen.

Schalck und »die Sicherheit«

Dass der Staatssekretär im Ministerium für Außenhandel nicht nur der DDR abstrakt diente, sondern konkret auch bestimmten Dienststellen, war den meisten seiner Gesprächspartner im Westen bewusst. Aversion und schlotternde Angst vor dem MfS befielen einige erst nach der »Wende«, wobei mancher Amtsträger im Westen zudem vergaß, selbst den eigenen Geheimdiensten zu Diensten gewesen zu sein. In Großbritannien und in den USA galt es lange Zeit als Ehre, von den nationalen Geheimdiensten angesprochen zu werden; es gehörte zum patriotischen Selbstverständnis, auf diese Weise seinem Land zu dienen.

Günter Gaus ging mit diesem Wissen ganz offen um. Schon beim Beginn ihrer Bekanntschaft setzte er Schalck die Pistole auf die Brust. Es gehe das Gerücht, sagte er und blinzelte über den Rand seiner Hornbrille, dass Schalck-Golodkowski über besonders gute Beziehungen zur Staatssicherheit verfüge.

Nun war aus verschiedenen Gründen dieser nicht bereit, sich gegenüber dem – wenngleich sympathischen – Vertreter der fremden Macht zu offenbaren: Jawohl, Herr Gaus, ich bin im Zweitberuf auch Offizier des MfS im besonderen Einsatz, und zwar im Range eines Oberstleutnants. Schalck wählte stattdessen eine diplomatische Formulierung, mit der er die Vermutung von Gaus bestätigte und sich dennoch bedeckt hielt. Das Gerücht träfe insofern zu, als er in seiner Funktion als Staatssekretär sich für alle Belange des Staates, also auch für des-

OibE Schalck-Golodkowski auf Urlaub, 1985

sen Sicherheit, zuständig fühle. Das gelte gewiss auch für ihn, für Staatssekretär Gaus.

Gaus griente und füllte zwei Gläser ...

Der Ständige Vertreter hatte keineswegs nur auf den Busch geklopft, denn bereits das erste Zusammentreffen war derart konspirativ eingefädelt worden, dass man mit dem Klammersack hätte gepudert sein müssen, um nicht zu ahnen, wer dabei die Strippen zog und in diese Treffen mit eingebunden war. Gaus war ausgeschlafen genug. Denn nachdem ihm Schalck am Telefon eine Personenbeschreibung von sich geliefert, das Pkw-Kennzeichen und den Parkplatz genannt hatte, auf dem Gaus zusteigen sollte, hatte der nur lakonisch gefragt, ob er sich aus Gründen der Tarnung auch einen Bart umhängen solle.

Beiden war bewusst, dass ihre Gespräche geheim bleiben mussten. Bekam die Westpresse davon Wind, hatten sie sich erledigt. Aus diesem Grunde musste das MfS dafür sorgen, dass niemand – weder in West noch in Ost – erfuhr, dass zwischen Bonn und Berlin inoffiziell verhandelt wurde.

Angesichts der Eskalation des Kalten Krieges zwischen den Großmächten wäre das für beide Seiten tödlich gewesen.

So gesehen machte das MfS auch Außenpolitik. Zum Nutzen beider deutscher Staaten.

Schalck und Mittag

Günter Mittag vermochte es, sich Honecker unentbehrlich zu machen. Mit 32 Jahren war der promovierte Verkehrswirtschaftler in die Parteispitze aufgestiegen: Er wurde Sekretär der Wirtschaftskommission beim Politbüro. 1966 kam er ins Politbüro, auf dem IX. Parteitag der SED machte ihn Honecker zum ZK-Wirtschaftssekretär. In jenem Jahr war Mittag von Honecker auch zum Leiter der Arbeitsgruppe BRD/Westberlin bestimmt worden. Damit war Mittag nächst Honecker in der Deutschlandpolitik der DDR die wichtigste Person.

Schalck war formell Sekretär dieses Gremiums, dem die Politbüro-Mitglieder Hermann Axen, Werner Krolikowski und Paul Verner angehörten sowie der Chef der Staatlichen Plankommission Gerhard Schürer, Vizeaußenminister Kurt Nier, zuständig für Westeuropa, insbesondere BRD und Westberlin, sowie der Leiter der Abteilung Verkehr im ZK der SED. Das war bis 1984 Herbert Häber, danach Gunter Rettner.

Diese Gruppe sollte vorgeblich die Westpolitik der SED bzw. der DDR bündeln, denn die politischen und wirtschaftlichen Kontakte in die Bundesrepublik und nach Westberlin waren inzwischen sehr breit gefächert. Sie sollten – zur besseren Kontrolle – künftig durch dieses Nadelöhr geführt, also gesteuert werden.

Aber wie die meisten Einrichtungen ihrer Art handelte es sich um eine Alibiveranstaltung: Letztlich war die Politik der DDR gegenüber der Bundesrepublik und Westberlin »Chefsache«. Das hatte im Übrigen Honecker auf

Nachfrage Schmidts bei ihrem Treffen am Werbellinsee 1981 auch so dargestellt. Für die Außenpolitik sei er verantwortlich, für die Parteibeziehungen Axen, und der Außenminister Fischer unterstünde ihm direkt, womit gesagt war: Oskar Fischer habe nichts zu bestellen.

Nicht ganz abwegigen Vermutungen zufolge war diese Arbeitsgruppe auch installiert worden, um Personen wie Verner und Krolikowski, die zur sogenannten Moskau-Fraktion gehörten, einzubinden und damit zu paralysieren. Krolikowski, das sollte nach 1990 publik werden, unterrichtete die sowjetische Führung über interne Diskussionen in der SED-Spitze; er war deren wichtigster Informant im Politbüro.

Zwar war die Arbeitsgruppe insofern nicht untätig, als Schalck mit Honeckers Mandat und von Mittag instruiert als Unterhändler sehr aktiv war, wofür eigens bei KoKo eine fünf- bis siebenköpfige Abteilung eingerichtet wurde. Sie bereitete die inoffiziellen Gespräche mit Beauftragten der Bundesregierung und des Westberliner Senats vor und nach, sie schrieb die Papiere, die Honecker und Mittag zur Bestätigung vorgelegt wurden.

Bundeskanzler Helmut Schmidt besuchte vom 11. bis 13. Dezember 1981 die DDR. In den Jahren zuvor waren verschiedene Überlegungen angestellt worden, wie die beiden Spitzenpolitiker zusammenkommen könnten – unterhalb der offiziellen protokollarischen Ebene. Etwa so beiläufig wie in Helsinki am Rande der KSZE-Abschlusskonferenz 1975. Denn – nur zur Erinnerung – gegen ein offizielles Gipfeltreffen gab es auf beiden Seiten des Zaunes erhebliche Widerstände. In der Bundesrepublik weigerte man sich gegen eine völkerrechtliche Anerkennung der DDR, obgleich man doch gemeinsam seit 1973 in der UNO saß. Aber man sträubte sich, unter

Berufung aufs Grundgesetz, der von Willy Brandt erfundenen Formel von den zwei deutschen Staaten in Deutschland die letzte Konsequenz folgen zu lassen. Etwa dass ein Staat auch Staatsbürger habe, für die kein anderer Staat handeln oder sprechen kann. Oder dass ein Staat in einem anderen als eigenständiges Völkerrechtssubjekt durch eine Botschaft und nicht nur durch eine »Ständige Vertretung« präsent war ...

Aber um des lieben Friedens willen und mit Rücksicht auf die Falken im eigenen Lager dachte man über verschiedene Optionen nach. So hielt man es für denkbar, dass der Segler Schmidt bei einem Törn in die östliche Ostsee zufällig in Rostock-Warnemünde festmachte. Oder dass er das Grab seines Sohnes Helmut Walter bei Bernau nordwestlich von Berlin besuchte. Loki Schmidt, seine Frau, war wegen der Bombardierung Hamburgs zu einer Tante nach Bernau gezogen, dort hatte sie im Juni 1944 einen behinderten Sohn zur Welt gebracht, welcher im Februar 1945 verstarb und auf dem kleinen Dorffriedhof von Schönow beigesetzt worden war. Die DDR-Organe hatten dies herausgefunden, und man hielt es für denkbar, dort ein Treffen zu arrangieren, denn Wandlitz lag kein halbes Dutzend Kilometer von dort entfernt.

Auch dieser Plan wurde verworfen, doch der Vollständigkeit halber sei angefügt: Unterhändler Wolfgang Vogel und Herbert Wehner veranlassten die Aufstellung eines Grabsteins, eines Findlings, mit dem Namen von Helmut Schmidts Sohn. Das Grab hat zumindest Loki Schmidt in den 80er Jahren zweimal besucht, der Efeu, der das Grab – welches fast weltpolitische Bedeutung erlangt hätte – inzwischen überwuchert, stammt aus Hamburg. Loki Schmidt hatte ihn in einem kleinen Topf von dort mitgebracht.

Tschapka ist befohlen. Schalck (am linken Bildrand) trägt jedoch Hut, als Schmidt Ende 1981 in die DDR kommt

Nachdem aber eine offizielle Staatsvisite des Bundeskanzlers und seine Ankunft in Berlin-Schönefeld beschlossen waren, ging es um die protokollarischen Petitessen. Günter Mittag ordnete an, dass alle Mitglieder der DDR-Delegation – zu denen erstmals auch der Staatssekretär Schalck-Golodkowski gehörte – auf der Rollbahn mit russischer Tschapka oder barhäuptig erscheinen sollten. Denn im Unterschied zum Hut musste man eine Pelzmütze nicht lüpfen, wenn man bei der Begrüßung dem Staatsgast die Hand reichte.

Schmidt trug seine Prinz-Heinrich-Mütze, womit er das Problem für sich geschickt gelöst hatte. Auch die nahm man nicht vom Kopf.

Schalck-Golodkowski ignorierte die Order. Später, nachdem er höflich seinen Hut vom Kopf genommen und seinen Diener vor dem BRD-Regierungschef gemacht hatte, knurrte ihn Mittag an: »Ich hatte doch gesagt, dass Mützen zu tragen sind.«

Schmidt, dies als Postskriptum, erklärte in der Hamburger *Zeit* vom 12. Dezember 2008, warum er 1981 »gern nach Schloss Hubertusstock gefahren« sei. Er nahm dies zum Anlass zu erwähnen, dass er »wohl 24 Stunden« mit Honecker gesprochen habe. Nun, Hubertusstock war

Aus Sigrid Gutmann wird Sigrid Schalck-Golodkowski, die Trauung erfolgt 1976

so wenig ein Schloss wie er – anders als Honecker – völlig frei in seinen Entscheidungen war, was er jedoch meinte herausstellen zu müssen. Die gestörte Erinnerung sollte man Schmidt nicht vorhalten, vielleicht lag's ja auch am vorgerückten Alter. Aber was er sonst 2008 zu jenem Treffen vor fast dreißig Jahren schrieb, ist des Merkens wert: »In Schloss Hubertusstock haben wir uns korrekt und zugleich offen und kollegial verhalten. In allen unseren Begegnungen habe ich mich Honecker gegenüber – im Interesse aller Deutschen auf beiden Seiten – um ein gutes persönliches Verhältnis bemüht. Ich habe ihm innerlich seine langen Zuchthausjahre unter den Nazis und die Standhaftigkeit zugutegehalten, mit der er an den kommunistischen Idealen seiner Jugend festgehalten hat.«

Hat dies Schmidts Haltung, hat dies die Haltung der Bundesregierung und damit die Politik der Bundesrepublik gegenüber der DDR nachhaltig geprägt, dass damit Schalck-Golodkowski, KoKo und andere Einrichtungen überflüssig wurden?

»Er war zwar ein freundlicher Gastgeber, für mich ist er jedoch ein Gegner geblieben, bis zu seinem Tode im Exil auch ein Gegner der deutschen Vereinigung.«

Zu den wenigen, die Günter Mittags Fähigkeiten uneingeschränkt bewunderten, gehörte Schalck. Er empfand großen Respekt vor dessen eiserner Energie, mit der er auch mehrere Amputationen überstand. Die Operationen erfolgten im Regierungskrankenhaus in Buch.

Nach dem ersten Eingriff wollte er niemanden sehen, auch nicht Familienangehörige, er schottete sich völlig ab. Sigrid Schalck-Golodkowski, die Mittag seit langem kannte und der ihr vertraute, sowie Schalck und Mielke durften ihn dennoch am Tag nach dem ersten Eingriff besuchen. Mittag lag im Bett und las Westzeitungen. Über die OP wurde nicht gesprochen, auch später nie. Die Amputationen waren als Thema tabu.

Sigrid Schalck schaute sich nach Hilfsmitteln um und landete schließlich bei einem Spezialisten in Lüneburg. Das Problem war: Der Patient konnte nicht in Erscheinung treten, es durfte nicht einmal der Name fallen. Das Anpassen erfolgte mit Hilfe eines Orthopäden in Berlin, was nicht ganz einfach war, weil alles konspirativ abgewickelt wurde. »Mittag selbst fand sich aber schnell mit der Situation ab«, berichtete Schalck später. »Bevor er erstmals mit der Prothese in die Öffentlichkeit ging, übte er vor einem Spiegel im Krankenhaus das Gehen. Um dabei aber nicht gesehen zu werden, wurde der Flur abgeschlossen.«

Hat sich die Konspiration mit den Prothesen gelohnt?

Als jemand aus Schalcks Umgebung in Lüneburg zu tun hatte, schob ihm der Gesprächspartner eine Ausgabe der *Wirtschaftswoche* mit einem Mittag-Interview über den Tisch und tippte stumm auf das Foto.

Man wusste also Bescheid.

Schalck und Bölling

Der Potsdamer Klaus Bölling, Jahrgang 1928, gehörte mit zur Gründergeneration der Freien Deutschen Jugend. Er war im Spätsommer 1945 in die KPD eingetreten, arbeitete beim vom FDJ-Vorsitzenden Erich Honecker herausgegebenen FDJ-Magazin *Neues Leben* und setzte sich Jahre später nach Westberlin ab. Helmut Schmidt berief ihn 1974 zum Regierungssprecher und 1981 zum Ständigen Vertreter Bonns in Berlin. Er trat – für fünfzehn Monate, was damals nicht absehbar war – die Nachfolge von Günter Gaus an.

Den Wechsel quittierte Schalck mit Bedauern. Es war nicht nur die Dauer der Verbindung zu Gaus – immerhin

Prof. Dr. Manfred Gutmann mit seinem Schwager Alexander Schalck-Golodkowski auf Urlaubsreise, 1985

hatten sie sechs Jahre intensiv informell zusammengearbeitet und im Hintergrund viele nützliche Verabredungen und Vereinbarungen vorbereitet. Vor allem war es die offene Atmosphäre und die verbindliche, verlässliche Art. Gaus hatte Witz und Charme, war überdurchschnittlich intelligent und darum frei von antikommunistischen Ressentiments und anderen ideologisch motivierten Verblendungen. Bölling hingegen war offenkundig Antikommunist, die Gespräche verliefen sehr förmlich und schienen ihm später peinlich, dass es sie überhaupt gegeben hatte. Im sogenannten Schalck-Untersuchungsausschuss des Bundestages vermochte er sich nur noch an wenige Gespräche mit Honeckers Unterhändler zu erinnern. Aus den Unterlagen des Bundeskanzleramtes ging jedoch hervor, dass beide im Auftrage ihrer Chefs während Böllings fünfzehn Monaten diplomatischer Tätigkeit in der DDR-Hauptstadt auch mindestens fünfzehn Mal zusammengesessen und konspirativ verhandelt hatten.

Es kamen in jener Zeit, wen überrascht das, keine wichtigen Vereinbarungen und Abkommen zustande. Nun könnte man entschuldigend einwenden: weil Böllings Vorgänger Gaus sehr fleißig war und ordentliche Arbeit geleistet hatte, blieb nicht mehr viel zu tun. Das allein aber war es nicht. Bölling musste, wie es in der Jägersprache heißt, wie ein Hund zum Jagen getragen werden. Der ehemalige Regierungssprecher interessierte sich mehr für die »große Politik«, weniger für die Kärrnerarbeit im Maschinenraum; er werde und wolle nicht die Tätigkeit der Experten übernehmen, erklärte er Schalck zu Beginn der Kontakte, deren informellen, konspirativen Charakter – im Unterschied zu seinem Vorgänger und anderen westdeutschen und Westberliner Politikern – er erkennbar nicht schätzte.

Aber immerhin fiel in Böllings Amtszeit der Besuch des Bundeskanzlers in der DDR im Dezember 1981, wo es sich nicht vermeiden ließ, dass zuvor Bölling und Schalck die Köpfe zusammensteckten.

Und als bleibendes Zeichen seiner Anwesenheit können auch die acht Schinkelfiguren auf der Marx-Engels-Brücke gelten, die im Frühjahr 1981 aus Westberlin an ihren angestammten Platz zurückkehrten. Das hatten Schalck und Bölling auch auf den Weg gebracht, woran man sich beim heutigen Gang über die Schlossbrücke dankbar erinnern sollte.

Schalck und Strauß

Die Leipziger Messe war die zentrale Schaltstelle für den Ost-West-Verkehr nicht nur in wirtschaftlicher Hinsicht. Das begründete das große Interesse der DDR an dieser traditionsreichen Einrichtung. Vor über acht Jahrhunderten schon kamen Kaufleute an der Kreuzung der Via Regia, dem Handelsweg vom Rhein nach Osteuropa, und der von Italien zur Ostsee führenden Via Imperii zusammen. Unmittelbar nach dem Zweiten Weltkrieg, am 8. Mai 1946, stimmte die sowjetische Besatzungsmacht der Ausrichtung der ersten Nachkriegs-Messe zu. Alle Versuche im Kalten Krieg, Leipzig als wichtigster Ost-West-Drehscheibe das Wasser abzugraben, führten nicht zum Erfolg. Die Hannovermesse gewann nie die politische Bedeutung, die Leipzig seit dem Krieg besaß, die sie aber folgerichtig nach dem Ende des Ostblocks verlor.

Alexander Schalck-Golodkowski erhielt in Leipzig seine Feuertaufe als Ost-West-Unterhändler in den 60er Jahren, und in den frühen 80er Jahren erfuhr seine konspirative Tätigkeit zur materiellen und friedenspolitischen Existenzsicherung der DDR dort einen merklichen Qualitätssprung. Die Verlagerung hatte nur bedingt etwas mit dem Bedeutungsverlust des Ständigen Vertreters in Berlin zu tun, nachdem Günter Gaus die Diensträume in der Hannoverschen Straße geräumt hatte. Im Anschluss an Böllings Gastspiel von einem reichlichen Jahr übernahm nach dem Regierungswechsel in Bonn Hans Otto Bräutigam, ein Diplomat der alten Schule, die Geschäfte. Er führte sie professionell und präzise weiter, ein korrekter

Beamter. Aber eben ein Staatsdiener, der das erledigte, was man ihm auftrug. Im Sommer 1984 endete diese Verbindung, eben weil es einen Schwerpunktwechsel in des Wortes doppelter Bedeutung gab. An die Stelle des hochgewachsenen, hageren Bräutigams trat der barocke bayerische Ministerpräsident.

Franz Josef Strauß, Jahrgang 1915, gehörte bis Ende der 60er Jahre der Bundesregierung an. Er war unter Adenauer Bundesminister für besondere Aufgaben, dann für Atomfragen, schließlich Verteidigungsminister. In der Großen Koalition unter Kiesinger war er für die Finanzen verantwortlich. 1980 hoffte er bei der Bundestagswahl als Spitzenkandidat der Union den Sozialdemokraten Schmidt als Bundeskanzler zu beerben, was ihm jedoch nicht gelang. So zog er sich denn auf das Amt des Regierungschefs in Bayern und das des CSU-Vorsitzenden zurück, ohne sich dadurch von seinen weltpolitischen Intentionen zu verabschieden. Der Freistaat war für einen Vollblutpolitiker wie ihn einfach zu klein.

Das hatte er bereits in den 70er Jahren als Bonner Parlamentarier deutlich gemacht. So reiste er 1975 nach Peking und traf sich als erster (und einziger) BRD-Politiker mit Mao Tse-tung. Andererseits machte er aus seiner Sympathie für die Pinochet-Diktatur auch kein Hehl; er nahm 1977 dankbar die Ehrendoktorwürde der Universität in Santiago de Chile an. Er pflegte zudem persönliche Beziehungen zu Alfredo Stroessner, Kopf der Militärdiktatur in Paraguay, und zu Südafrikas Apartheid-Präsidenten Pieter Willem Botha. Kurz, Strauß bediente aus Sicht der DDR alle Vorstellungen, die man von einem reaktionären Antikommunisten hatte.

Selbst in der Bundesrepublik war der Kalte Krieger umstritten. Die Kampagne »Stoppt Strauß!« zur Verhinderung seiner Kanzlerschaft 1980 hatte zu einem Verlust von über vier Prozent der Unionsstimmen geführt und parteiintern den Weg für Helmut Kohl freigemacht. Der Ministerpräsident von Rheinland-Pfalz sollte 1982 Kanzler werden und es für 16 lange Jahre bleiben.

Von seinem Gesprächspartner Karl König, dem Westberliner Wirtschaftssenator, wusste Schalck-Golodkowski, dass in Kiesingers Kabinett Finanzminister Strauß zu den entschiedensten Gegner einer wie auch immer gearteteten Zusammenarbeit mit der DDR gehörte. Er wollte »keinen Pfennig« in und an die DDR geben.

Nun brauchte die DDR nicht nur Pfennige, sondern D-Mark, mit denen sie auf dem Weltmarkt Rohstoffe und Waren kaufen konnte. Die Mark der DDR, liebevoll-ironisch von denen, die damit ihren Lebensunterhalt bestritten, »Alu-Chips« genannt, war nicht konvertierbar, und der Handel innerhalb des östlichen Wirtschaftssystem wurde, da dieses Problem alle RGW-Staaten teilten, über den sogenannten transferablen Rubel abgewickelt. Mit einigen westlichen Staaten ließen sich Bartergeschäfte tätigen, also bargeldloser Handel auf Kompensationsbasis. Mit Österreich, mit Griechenland, auch mit Frankreich.

Kompensationsgeschäfte dieser Art funktionierten aber nicht überall, vor allem nicht im Bereich der Hochtechnologien oder wenn man die Embargobestimmung von CoCom unterlaufen musste. Die DDR erwarb in den 80er Jahren legal rund 750 Betriebe und Industrieanlagen; mit dieser Modernisierung hoffte sie über die Jahrtausendwende zu kommen. Doch die Investition erfolgte in aller Regel mit Krediten, die man sich auf dem internationalen Finanzmärkten zuvor besorgen musste. Und die Konditionen, sprich Zinsen, standen in einem klar erkennbaren Verhältnis zur Bonität des Kreditnehmers. Galten dessen Zahlungsfähigkeit und -moral als schlecht, waren es auch die Bedingungen, zu denen das Geld verliehen wurde. Das Problem wurde nicht erst während der Euro-Krise publik, als Rating-Agenturen die Kreditwürdigkeit von Staaten bewerteten. Die Bandbreite reicht dabei von AAA bis D, was umgangssprachlich als Ramschniveau bezeichnet wird. Eine solche Bewertung heißt »zahlungsunfähig«, dieser Staat bekommt nirgendwo etwas geliehen, er ist bankrott.

Um der Sache vorzugreifen: Die DDR hatte an ihrem Ende Auslands-Verbindlichkeiten von weniger als 20 Milliarden D-Mark, nach heutiger Währung also keine zehn Milliarden Euro. Sie war also weder bankrott noch pleite noch zahlungsunfähig, wie immer behauptet. Allein die deutsche Bundeshauptstadt mit ihren 3,5 Millionen Einwohnern ist heute weitaus höher verschuldet, als es die DDR mit 17 Millionen Menschen jemals war; Experten gehen davon aus, dass Berlins Schulden bis 2016 auf über 65 Milliarden Euro ansteigen werden. Das nur nebenbei, um die Relation sichtbar zu machen.

Das Problem der DDR bestand in der schlechten Liquidität, dass also stets Mangel an frei verfügbaren Devisen herrschte. Mitunter gingen die kompletten Erlöse, die der Außenhandel erwirtschaftete, für Zinsen und Tilgung von Krediten drauf. Das waren etwa fünf bis sechs Milliarden D-Mark pro Jahr. Um aber die Wirtschaft am Laufen zu halten, um Technik zu erneuern und Rohstoffe einzuführen, mussten weitere Kredite aufgenommen werden. Und je mehr Kredite man aufnahm, desto höher die Zinsen, denn damit signalisierte man, dass es mit der nationalen Wirtschaft nicht so gut lief, weshalb sich der Staat was pumpen musste. Das war eine Spirale, die abwärts führte.

In Bayern, der Heimat von Strauß, lässt sich Schalck nach seiner Flucht aus der DDR nieder, in Rottach-Egern mietet er in der Seestraße ein Haus, 1991

KoKo, die Devisen-Feuerwehr, vermochte zwar kurzfristig und bisweilen mit kuriosen Geschäften – etwa dem Verkauf mehrerer Kilometer Straßenpflaster oder von Nachgeburten an Kosmetikkonzerne, die aus der Plazenta teure Hautcremes herstellten –, akute Engpässe zu beheben. Mit den KoKo unterstellten Außenhandelsbetrieben erwirtschaftete Schalck-Golodkowski im statistischen Jahresdurchschnitt etwas über eine Milliarde D-Mark, tatsächlich waren es in den 80er Jahren um die drei Milliarden pro Jahr oder gar darüber. Was nicht wenig war – aber eben nur Teil der Zins- und Kredittilgung der ganzen DDR. Womit angedeutet ist: KoKo bewegte gewiss viel, aber eben nicht alles.

Dass sich die DDR immer mehr auf dem Weltmarkt orientieren musste – mit allen negativen Folgen: von

Abhängigkeiten bis hin zu überteuerten Importen – lag auch daran, dass die Verbündeten, allen voran die Sowjetunion, oft ihren Verpflichtungen nicht nachkamen. Vereinbarte Lieferungen blieben aus oder erfolgten verspätet, sie kamen in ungenügender Qualität oder nicht in der zugesagten Menge. So drosselte die Sowjetunion bisweilen ihre Erdöllieferungen, weil sie Probleme mit der Förderung hatte oder verschnupft darauf reagierte, dass die daraus in der DDR gefertigten Produkte im Westen verkauft wurden. So kam etwa ein Großteil des in Westberlin verkauften Kraftstoffs aus Schwedt an der Oder, in den dortigen Raffinerien wurde das Öl aus der »Trasse der Freundschaft« tiefer gespalten und höher veredelt. Ausbleibende Lieferungen aber zwangen die DDR, auf dem Weltmarkt und gegen Devisen das Defizit auszugleichen. Zudem nahmen auch die Aufwendungen zur Erschließung eigener Energieressourcen zu: Die Deckgebirge in den Braunkohletagebauen wurden immer höher, es musste immer mehr Abraum bewegt werden, dabei wurden die Kohleflöze immer geringer wie auch die Energieeffizienz der Kohle selbst.

Schalck-Golodkowski war sich dieser komplexen Zusammenhänge sehr wohl bewusst, sie trieben ihn geradezu um. Dabei motivierten ihn weder Geltungssucht noch persönlicher Ehrgeiz, er war kein Mann, der gern in der Öffentlichkeit agierte, sich im Scheinwerferlicht sonnte, weshalb es auch nur wenige Protokollbilder gibt, auf denen er zu sehen ist. Schalck-Golodkowski ging es um die DDR, um diesen sozialistischen Gesellschaftsentwurf, den er unverändert und trotz aller erkennbaren Macken und Fehler für die bessere Alternative zum Kapitalismus hielt. Dass er dabei das Leistungsprinzip als auch für ihn gültig akzeptierte, kritisierten später nur jene, die ihm politisch an die Karre fahren wollten oder keine Ahnung hatten, dass die privaten Zugewinne des KoKo-Chefs lächerlich gering waren gemessen an dem, was er mit seinen Unternehmen erwirtschaftete.

Schalck-Golodkowski wollte, dass die DDR blieb, und dafür machte sich der große Mann mitunter klein und krumm. Aber er verbog sich nicht ideologisch.

Daher musste es ihn sehr verwundern, als er auf der Leipziger Messe von Josef März signalisiert bekam, dass Strauß ihn zu sprechen wünsche. Der bayerische Unternehmer machte nicht nur in Fleisch und Käse, sondern war auch Schatzmeister der CSU in Oberbayern, zudem war er der Vizechef des Wirtschaftsbeirates seiner Partei und im Beirat der Berliner Bank. Schalck kannte ihn aus vielen Gesprächen als seriösen, verlässlichen Geschäftsmann, man vertraute sich wechselseitig. Insofern waren März die Nöte der DDR durchaus gewärtig, und er entwickelte eine Idee, wie der DDR mit einer Milliarde aus der Klemme geholfen werden sollte. Ein Bankenkonsortium sollte die Summe aufbringen, für die die Bundesregierung bürgen würde, und als Sicherheit könnte die DDR die Transitpauschale einsetzen, jenen Betrag, denn Bonn alljährlich für die Benutzung der drei Autobahnen zwischen dem Bundesgebiet und Westberlin überwies: Das waren knapp eine Milliarde D-Mark. Strauß wäre bei diesem Deal die Schlüsselfigur, und mit dem müsse er reden. Und Strauß wolle mit ihm reden.

Honecker stimmte einem Treffen Schalcks mit Strauß zu, um die Offerte von März auszuloten. Auf Strauß war Honecker aktuell nicht gut zu sprechen, weshalb er nur widerwillig sein Placet gab. Der Bajuware hatte den propagandistischen Nebel geliefert, weshalb Honecker die Einladung von Schmidt zum Gegenbesuch in der Bundesrepublik, die der inzwischen regierende Kohl erneuert hatte, gezwungen war abzulehnen. Am 10. April '83 war ein Transitreisender am Grenzübergang Drewitz verstorben. Der 45-jährige Gastwirt Rudolf Burkert aus Norddeutschland hatte sich, auf dem Weg zu einer Boxveranstaltung in der Westberliner Deutschlandhalle, mit seinem DDR-Cousin und dessen Tochter auf einem Parkplatz auf der Transit-Autobahn getroffen. Die Übergabe von Geschenken war vom MfS beobachtet worden, weshalb man Burkert am Grenzübergang herauswinkte und befragte. Dabei erlitt er einen Herzinfarkt. Die beim Sturz auf Schreibtisch und Heizkörper entstandenen Verletzungen wurden in der BRD – entgegen der Feststellung von zwei obduzierenden Hamburger Ärzten – als Folgen angeblicher Folter durch DDR-Grenzer dargestellt. Franz Josef Strauß sprach gar von Mord, worauf Honecker den am 29. April 1983 geplanten BRD-Besuch absagte. (Nebenbei: Auch Burkert taucht in der Statistik der Maueropfer auf.)

Günter Mittag, der zu jenem Zeitpunkt wie stets nach der Hannovermesse zu Gesprächen in Bonn weilte, wollte demonstrativ abreisen, konnte aber von Kanzleramtsminister Jenninger zum Bleiben bewegt werden. Kanzler Kohl lehnte jedoch eine Begegnung mit Mittag ab und verlangte am Telefon von Honecker die genaue Untersuchung des Vorfalls. Mit Verlaub: Dazu musste das DDR-Staatsoberhaupt nicht erst aufgefordert zu werden.

In dieser gereizten Atmosphäre sollte sich Staatssekretär Schalck-Golodkowski mit dem Scharfmacher Strauß am 5. Mai – dem Geburtstag von Karl Max, sic! – treffen und über einen Kredit für die DDR sprechen.

Auf einem Parkplatz bei Schleiz, noch auf DDR-Seite, stieg Schalck von seinem Auto in eins der bayerischen Staatsregierung. Der gepanzerte BMW passierte ohne jede

Kontrolle die Staatsgrenze. Der Wagen hielt erst wieder nach vierhundert Kilometern, auf dem Landsitz von März im Chiemgau. Gut Spöck, südöstlich von München gelegen, war – von wem auch immer – als Treffpunkt bestimmt worden. Strauß behauptete später in seinen Erinnerungen, die Initiative wäre von Schalck ausgegangen: Ein Unterhändler Honeckers habe ihn sprechen wollen. Schalck hingegen war von März gesagt worden, dass Strauß ihn zu sprechen wünschte. Es steht zu vermuten, dass März es Strauß so und Schalck so erzählt hat, mithin: Er hatte beide zweckdienlich belogen. Und darum liegt der Schluss nahe, dass Josef März auch den Ort der Begegnung festgelegt hatte.

Strauß schwebte mit einem Hubschrauber des Bundesgrenzschutzes ein; er kam aus Nürnberg, wo sein Sohn Franz Georg bei der Bundeswehr vereidigt worden war.

1982 gibt es den Karl-Marx-Orden: er wird gefeiert mit Sohn Thomas, Tochter Petra und Ehefrau Sigrid

Das Gespräch, nur von einer Brotzeit unterbrochen, endete vor Mitternacht. Schalck traf erst am Morgen in Berlin ein, wo er ein Gedächtnisprotokoll zu Papier brachte und 9 Uhr, im Beisein von Mittag, Honecker persönlich berichtete.

Strauß hatte sich in der stundenlangen Begegnung nicht nur als glänzender Unterhalter gezeigt und Schalck zum Zuhören verdammt, er war auch ein brillanter Taktiker. Denn als nach dem Austausch von Höflichkeiten der Berliner Emissär gleich zur Sache kommen wollte, wechselte der Münchner Profi sofort das Thema. Statt über Geld wollte der ehemalige Oberleutnant der Wehrmacht über die akute Kriegsgefahr reden, die von der Stationierung neuer Mittelstreckenraketen in West- und in Osteuropa ausging, und die Frage klären, welchen Beitrag *die Deutschen* zur Verhinderung einer nuklearen Katastrophe leisten könnten. Denn nach einem möglichen Krieg würde von beiden Staaten nichts mehr übrig sein.

Der konservative Antikommunist gab dem Kommunisten aus der DDR zu verstehen, dass man sich in dieser existenziellen Frage absolut einig war: Von deutschem Boden darf kein Krieg ausgehen! Mit Gewalt ließen sich keine Probleme lösen, im Großen wie auch an der Grenze. Und außerdem, so der dialektisch versierte und historisch bewanderte Strauß, könne der Kapitalismus nur im Frieden seine Überlegenheit beweisen.

Irgendwann im Laufe des Abends war man dann doch zur Sache gekommen. Der Kredit sollte in zwei Teilen zu je 500 Millionen D-Mark von einem Bankenkonsortium an die Außenhandelsbank der DDR überwiesen werden. Darüber werde er, so Strauß, schon in vierzehn Tagen mit Kohl sprechen und entscheiden. Im Gegenzug – er verwies darauf ausdrücklich, dass dies kein Junktim sei, zumal er diplomatisch im Bilde war, dass eine solche Verknüpfung wirtschaftlicher und politischer Fragen für die DDR unannehmbar sein würde – regte Strauß an, dass es ganz nützlich für die Entspannung in Zentraleuropa wäre, würde die DDR an der Grenze etwas souveräner handeln und weniger schießen. Und dass sie bei Jugendlichen und Rentnern wieder die bis 1980 geltende Regelung beim Mindestumtausch einführen sollte: nämlich dass diese Gruppen vom Zwangsumtausch ausgenommen würden. Das könne Erich Honecker ohne erkennbaren Anlass, zu einem ihm genehmen Zeitpunkt, ohne großen Bahnhof erklären. Eine solche noble Geste würde in der Bundesrepublik eine große Wirkung haben.

Honecker verstand die Botschaft und reagierte wenige Tage später souverän und selbstbewusst. Er bestellte Schalck zum Diktat. Aus dem Stegreif formulierte er die Antwort an Strauß, die neben vielen Artigkeiten auch die vertrauliche Ankündigung enthielt, dass es künftig bei den Kontrollen an der Staatsgrenze der DDR ein wenig freundlicher zugehen werde, dass Jugendliche bis zu 16 Jahren vom Mindestumtausch ausgenommen sein würden und dass die Demontage der Selbstschussanlagen SM-70 in Erwägung gezogen werde. (Tatsächlich wurden in den folgenden Monaten bis Ende 1984 diese rund 60.000 Splitterminen an der Staatsgrenze West vollständig abgebaut.)

Die Antwort an Strauß endete mit einer Einladung in die DDR.

Die nahm Strauß auch an. Am 24. Juli 1983 traf er sich mit Honecker in der Schorfheide. Als sie sich zum Foto stellten, bemerkte der Bayer mit Blick auf Honeckers hellen Sommeranzug, dass er mit seinem schwarzen Politikerdress wohl die falsche Gewandung trüge, worauf dieser heiter reagierte: Wieso, Strauß sei doch nun mal ein Schwarzer.

Auch Erich Honecker fand Schalcks Eindruck bestätigt: Strauß war ein intelligenter, geradliniger Mann, der mit offenem Visier kämpfte und kein Blatt vor den Mund nahm. Honecker soll hinterher gesagt haben, dass ihm Konservative von dieser Art wesentlich sympathischer seien als verschwiemelte Sozis, die sich wie Rohr im Winde verhielten.

Bei ihrem zweiten Treffen auf Gut Spöck am 5. Juni '83, an dem auch Kanzleramtsminister Jenninger teilnahm, wurden die Modalitäten der Transaktion besprochen. Jenninger machte darauf aufmerksam, dass es sowohl der eigenen Bevölkerung wie auch den Verbündeten nur schwer zu vermitteln sei, warum die DDR Geld ohne sichtbare Gegenleistung bekäme. Und das in dieser politischen Großwetterlage, in der alle Zeichen auf Sturm stünden.

Eben darum, sagte Strauß.

Die Sache drohte dennoch zu scheitern, weil Kohl sich selber ins Spiel brachte. Die »Südschiene« lief an Bonn vorbei, und der Kanzler wollte Strauß nicht das Feld und den Triumph überlassen. Jenninger ließ Schalck wissen, dass es der Bundeskanzler begrüßen würde, könnte er Honecker treffen.

Schalck fürchtete, dass es Kohl nicht nur um seine eigene Profilierung ging, sondern dass er weitere Forderungen aufmachen würde. Deshalb reagierte er auf die Anfrage ausweichend.

Kohl selbst ging daraufhin tolpatschig, wie von ihm inzwischen gewohnt, in die Offensive. Auf dem Evangelischen Kirchentag in Hannover deutete er »finanzielle Hilfeleistungen« für die DDR an.

Honecker sah die vereinbarte Vertraulichkeit verletzt und erteilte via Mittag Weisung an Schalck, er solle Jenninger und Strauß dies genau wissen lassen. Das tat der Unterhändler am 19. Juni, um anderentags aus taktischen Gründen nachzulegen: Die DDR wolle die Kredit-Sache zurückstellen.

Natürlich war das Politpoker. Die DDR brauchte den in Aussicht genommenen Kredit, aber sie wollte sich nicht als Bittsteller vorführen lassen. Alles oder nichts, hieß darum die Devise.

Strauß meldete sich 24 Stunden später. Kohl sei damit einverstanden, die Kreditvergabe rein kommerziell zu realisieren und zu kommentieren.

Am 1. Juli 1983 wurde der Vertrag in München in der Bayerischen Landesbank unterzeichnet, nachdem zwei Tage zuvor in Bonn Kohls Kabinett beschlossen hatte, im Ernstfall den Kredit in voller Höhe zu übernehmen.

Schalck nahm die Unterzeichnung des Vertrages als persönliches Geschenk zu seinem 51. Geburtstag.

In der Folgezeit wurde das Kreditvolumen durch weitere Verträge erhöht, die DDR konnte schließlich über insgesamt drei Milliarden D-Mark verfügen, was sie aber nicht tat. Zwei Milliarden wurde nie abgerufen. Dennoch half ihr der Betrag erheblich, denn es war ein Signal an die internationale Finanzwirtschaft. Allein das Wissen um diese optionale Rücklage erhöhte merklich die Bonität der DDR.

Die innenpolitischen Gegner der DDR kritisierten das scharf: Strauß habe auf diese Weise das Leben der zweiten deutschen Republik verlängert. Das gaben sie ihm auf dem CSU-Parteitag im Juli 1983 klar zu verstehen. Er erzielte mit 77 Prozent das schlechteste Ergebnis in den 22 Jahren, in denen er der Partei vorstand. 197 der 859 Delegierten verweigerten Strauß die Gefolgschaft.

Auch Honecker blies der Wind kalt ins Gesicht. Er wurde von Generalsekretär Tschernenko im August 1984

»Glück auf, Glück auf...« Schalck-Golodkowski besucht ein Schaubergwerk bei Annaberg-Buchholz, 2002

nach Moskau einbestellt und musste sich anhören, dass die DDR auf dem falschen Wege sei. Am 4. September wollte das DDR-Staatsoberhaupt nun endlich den bereits zweimal verschobenen Besuch in der Bundesrepublik antreten. Und: Am 25. Juli hatte die Bundesregierung die Bürgschaft für den zweiten »Milliarden-Kredit« – er hatte tatsächlich das Volumen der erneut verpfändeten Transitpauschale von 950 Millionen D-Mark – übernommen.

Am Gipfeltreffen in Moskau nahmen auch der sowjetische Verteidigungsminister Ustinow und der ZK-Sekretär für Landwirtschaft Gorbatschow teil. Er war bei Honeckers Abkanzelung der Scharfmacher, was sich nachhaltig auf die Beziehungen der beiden Politiker auswirken sollte. Der 72-jährige Honecker fühlte sich nicht nur politisch ungerecht behandelt, sondern von dem 53-jährigen, also vergleichsweise jungen Gorbatschow düpiert.

Seit vier Monaten bereits lief in der sowjetischen Öffentlichkeit eine Kampagne mit scharfen Attacken gegen den Revanchismus in der BRD. Die Kritik richtete sich allerdings in erste Linie gegen die Führung der DDR. Ursache war deren ablehnende Haltung gegenüber den sowjetischen Gegenmaßnahmen zur NATO-Hochrüstung. In Beiträgen in der *Prawda*, dem Parteiorgan, war auch die wirtschaftliche Zusammenarbeit der DDR mit der BRD angegriffen worden.

Honeckers Politik einer »Verantwortungsgemeinschaft« mit der Bundesrepublik berührte nach Ansicht Moskaus vitale Lebensinteressen der Sowjetunion, während mit Recht die Berliner Spitze die propagandistische Intervention der Sowjetführung als grobe Einmischung in die inneren Angelegenheiten der DDR betrachtete. »Bis zum Sommer 1987 setzte Moskau die 1984 eingeleitete ›Politik der Stagnation und der Bestrafung‹ gegenüber der BRD fort. Beweise dafür findet man in den Aufzeichnungen über die Gespräche Gorbatschows mit Honecker aus den Jahren 1986 und 1987«, heißt es in den Erinnerungen des letzten DDR-Botschafters in der UdSSR, Gerd König, zur Deutschlandpolitik Moskaus Mitte der 80er Jahre. »Im April 1986 kritisierte Gorbatschow im Gespräch mit Honecker die Politik der Bundesregierung in scharfen Worten, weil sie nach seiner Meinung am aktivsten von allen westeuropäischen Ländern den Neoglobalismus der USA unterstütze. Es erhebe sich sogar die Frage, so Gorbatschow, ob wir es nicht mit einer Kreuzung des Revanchismus der BRD mit dem Kurs der sozialen Revanche der USA zu tun haben. Auch Kohl kam nicht gut weg, er bewege sich nicht nur im Fahrwasser der USA, sondern verhalte sich wie ihr Lakai, der sich mit Reagan und dessen SDI-Plänen vollkommen solidarisiere. Daraus zog er die

Schlussfolgerung, dass angesichts der westdeutschen Unterstützung für die USA die Politik Bonns nicht noch gefördert werden sollte. Die Termine für die Besuche Honeckers und Gorbatschows in der BRD sollten offen bleiben, um sie später zum Bestandteil des sowjetischen Spiels zu machen. Beide verständigten sich darüber, die Beziehungen zur BRD auf der Grundlage einer gemeinsamen Konzeption zu gestalten. Konkrete Festlegungen wurden jedoch nicht getroffen.« Soweit Botschafter König.

Honecker setzte sich 1987 darüber hinweg und reiste im September in die Bundesrepublik, was Gorbatschow ihm auch persönlich übel nahm. Er wollte als erster Führer des Ostblocks fahren und den Kurswechsel in der Politik gegenüber der BRD demonstrieren. Honecker hingegen realisierte endlich eine Einladung, die bereits vor sieben Jahren ausgesprochen worden war.

Nicht zum ersten Mal verletzte Honecker mit einer Auslandsreise Gorbatschows Eitelkeit. Im Oktober 1986 war Erich Honecker als erster Staatsgast nach mehr als zwei Jahrzehnten Eiszeit, die Moskau seinerzeit sich und seinen Verbündeten verordnet hatte, nach Peking geflogen. Auch diese Mission hatte sich Gorbatschow als erster Mann der Führungsmacht vorbehalten – doch Honecker kannte erstens den Generalsekretär der chinesischen KP seit 1953, als sich damals die beiden Jugendfunktionäre erstmals trafen, und zweitens hatte die SED nie die Probleme mit den chinesischen Genossen, die man in Moskau mit den selbstbewussten Asiaten hatte. Als im Kreml die Zügel etwas gelockert wurden, knüpfte Honecker an alte Kontakte an, die Gorbatschow nie besaß.

Erich Honecker war ein Mann, der auf persönliche Bindungen viel gab. Wen er einmal ins Herz geschlossen hatte – und das traf selbst auf politische Gegner wie Franz Josef

Strauß zu –, der konnte stets auf sein Wort und seine Verlässlichkeit bauen. So war auch Strauß. Er ließ einmal Schalck-Golodkowski wissen, dass sein Haus für ihn jederzeit offen stünde, sofern er einmal Hilfe benötige. Mehr als ein Dutzend Mal besuchte der Staatssekretär und MfS-Oberst den bayerischen Ministerpräsidenten in dessen Münchner Privathaus, der Umgang war geradezu familiär. Die Basis für diese bemerkenswerte Vertraulichkeit waren die Anerkennung und der wechselseitige Respekt zweier Fachleute vor den Fähigkeiten des anderen.

Als Strauß im Herbst 1988 mit 73 Jahren überraschend starb, war Honecker nicht nur berührt, sondern drauf und dran, an der Beisetzung teilzunehmen. Er konnte nur mit Verweis aufs politische Protokoll davon abgehalten werden, seine Anteilnahme durch physische Anwesenheit zu bekunden. So schickte er Günter Mittag an seiner Statt.

Schalck und Schäuble

Mitte der 80er Jahre verlagerte sich der geheime Gesprächskanal von München nach Bonn. Kohl reklamierte unausgesprochen protokollarische Rechte. Der Ministerpräsident eines Bundeslandes war nicht die Ebene für den Staats- und Parteichef der zweiten deutschen Republik. Das war der Kanzler der Bundesrepublik Deutschland. Auch wenn Strauß bei sogenannten Häftlingsfreikäufen und Familienzusammenführungen, bei Vereinbarungen zwischen bayerischen und DDR-Institutionen auf verschiedenen Gebieten unverändert die Strippen zog, lag bei bundespolitischen Themen nunmehr die Federführung im Bundeskanzleramt. Kohl beauftragte seinen Staatsminister Philipp Jenninger mit dieser konspirativen Aufgabe. Als Jenninger Ende 1984 nach Barzels Rücktritt diesem im Amt des Bundestagspräsidenten nachfolgte, wurde der neue Bundesminister für besondere Aufgaben und Chef des Bundeskanzleramtes Wolfgang Schäuble von Kohl damit beauftragt.

Mit Jenninger hatte sich Schalck nur wenige Male in Berlin getroffen und dabei den zweiten Kredit auf den Weg gebracht, mit Schäuble sprach er in seinem Haus in der Manetstraße, auch mal in einem Gästehaus des DDR-Ministerrates oder in einem des Westberliner Senats, selbst in Schalcks Büro in der Wallstraße, in der »Schlüsselburg«, redete man miteinander.

Doch die Umgebung hatte keinerlei Einfluss auf Schäuble und seine Art zu verhandeln. Er sprach am privaten Kaffeetisch nicht anders als hinter seinem Schreibtisch. Irgendwann sagte er unmissverständlich – und das ist auch in Schäubles Erinnerungen nachzulesen –, dass er *mehr* als Schalck zu tun habe. Deshalb wäre es besser, wenn der Herr Staatssekretär zu den Gesprächen nach Bonn käme.

Dieser Aufforderung kam Schalck nach, schließlich wollte nicht nur Minister Schäuble etwas von der DDR, sondern auch die DDR etwas von der Bundesregierung. Aber sie offenbarte diese Herablassung, mit der die Mehrheit der Bonner Amtsträger auf ostdeutsche Politiker herabblickte. Offenkundig handelt es sich um einen genetischen Defekt, der sich von Generation zu Generation vererbt.

Auf Schäubles Agenda stand beispielsweise das Problem von Flüchtlingen aus der Dritten Welt, die auf dem Zentralflughafen Berlin-Schönefeld landeten und von dort mit Bussen dorthin gebracht wurden, wohin sie eigentlich wollten: nach Westberlin.

Das, was der DDR stets vorgeworfen wurde – nämlich die Freizügigkeit zu beschränken und ihre Bürger daran zu hindern, in den Westen zu reisen –, wünschte man nunmehr auf Transitreisende anzuwenden. Über verschiedene Kanäle, nun auch über Schäuble, wurde wiederholt darum gebeten, dass insbesondere Asylbewerbern aus Sri Lanka, die der dort verfolgten Ethnie der Tamilen angehörten, von den DDR-Behörden die Weiterreise nach Westberlin verweigert würde. Seit drei Jahren waren etwa 20.000 Flüchtlinge aus Fernost über Berlin-Schönefeld gekommen, allein im ersten Halbjahr 1985 hatten über viertausend in Westberlin einen Asylantrag gestellt. Wenn, so signalisierte der Bonner Unterhändler, die DDR das Loch stopfe, könne man auch über die Erhöhung des Swing reden. Beim Swing handelte es sich um einen zinslosen Überziehungskredit. Im sogenannten innerdeutschen Handel musste nicht sofort, sondern binnen eines Jahres das Defizit ausgeglichen werden. Die DDR konnte bis zu 600 Millionen D-Mark »überziehen«, ohne dafür zusätzlich zur Kasse gebeten zu werden. Kanzler Schmidt hatte die Summe eingefroren, die DDR wollte sie um eine Viertelmillion erhöhen, wobei dies nicht akut nötig war, denn der bestehende Kreditrahmen wurde nicht einmal ausgeschöpft. Im Januar 1985 war lediglich um 170 Millionen überzogen worden, im Februar um 90 Millionen. Bundeswirtschaftsminister Bangemann appellierte gar an die DDR, sie sollte doch mehr von ihrem zinslosen Kredit Gebrauch machen.

Der Hintergrund: Die DDR hatte 1983/84 Exportüberschüsse von etwa 2,6 Milliarden Dollar erwirtschaftet, zudem hatte sie es vermocht, ihre Nettoschulden von zwölf auf fünf Milliarden Dollar zu reduzieren. Die DDR galt als »absolut pünktlicher Schuldner«.

Gemeinsam alljährlich im Herbst zur Kur: Wuschech und Schalck im böhmischen Jáchymow unweit Oberwiesenthals

Hinzu kam noch die Erhöhung ihrer Bonität aufgrund der Strauß-Milliarden. Auf der Leipziger Frühjahrsmesse 1985 überboten sich westliche Banken mit Großkrediten für die DDR. »Wie hoch die DDR inzwischen als Schuldner eingeschätzt wird, musste ein Bankenkonsortium unter Führung der Bank of America und der Citibank erleben. Ein neuer Fünf-Jahres-Kredit war mit 150 Millionen Dollar geplant, doch es wurden schließlich 500 Millionen, weil zu viele Banken Interesse zeigten«, schrieb der *Spiegel* am 29. April 1985. Das Nachrichtenmagazin kam auch auf den Swing zu sprechen. Der besäße kaum noch »Antriebskraft für den deutsch-deutschen Handel«, und als politisches Instrument tauge er schon lange nicht mehr.

»Der Chef des Bonner Kanzleramtes, Wolfgang Schäuble, hatte es vor einigen Wochen noch einmal versucht. Er ließ streuen, dass die DDR ihren Kreditrahmen auf zwei Milliarden Mark erweitern könnte, wenn sie politische Zugeständnisse mache. Der Versuch ging offenbar daneben. Als Honeckers Wirtschaftschef Günter Mittag und Außenhandelsstaatssekretär Gerhard Beil in der vorvergangenen Woche bei Schäuble waren, begrenzten sie ihren Besuch auf das protokollarische Mindestmaß. Vom Zwei-Milliarden-Kredit war überhaupt nicht die Rede.

Bei seinen Gesprächen mit Bundeskanzler Helmut Kohl und Bundeswirtschaftsminister Martin Bangemann wurde Mittag ganz deutlich. Die DDR, so Honeckers Chefökonom, werde wirtschaftliches Entgegenkommen künftig nicht mehr mit humanitären Gegenleistungen bezahlen. Es gehöre zur Politik souveräner Staaten, solche Zugeständnisse auch auf wirtschaftlichem Gebiet zu honorieren.«

In jener Zeit verhandelte Schalck mit Schäuble über die Aufstockung des Swing. Der DDR-Staatssekretär konnte dies sehr entspannt tun. Nichtsdestotrotz brachte Schäuble den Tamilenvorschlag auf den Tisch – wohl wissend, dass die DDR sich in der Vergangenheit nie auf Junktims dieser Art eingelassen hatte. Und Mittag hatte es erst jüngst in Bonn auch deutlich gesagt: Wirtschaftliches Entgegenkommen wird auch nur wirtschaftlich honoriert.

Honecker und alle anderen, die über Schäubles Vorschlag durch Schalck in Kenntnis gesetzt wurden, waren dagegen, ihm nachzugeben. Nicht nur wegen der aus Sicht der DDR unzulässigen Verknüpfung von wirtschaftlichen und politischen Fragen. Es war sowohl aus humanitärer als auch aus völkerrechtlicher Sicht unzulässig, dass die Organe des Transitlandes DDR – denn die Tamilen hatten kein Einreisevisum der DDR beantragt – diese Personen an der Weiterreise hinderten. Auf welcher rechtlichen Basis sollte das geschehen?

Weniger verbrämt formuliert hatte also Schäuble respektive die Bundesrepublik von der DDR verlangt, dass sie ihnen mit der ach so verteufelten »Mauer« die Asylbewerber vom Halse halten sollte. Ein Schutzwall sozusagen. Und dafür war man auch bereit zu zahlen.

Das war an Heuchelei kaum zu überbieten.

Strauß schaltete sich ein, Berliners Regierender Bürgermeister Eberhard Diepgen sprach ebenfalls in der Sache vor. Es meldeten sich auch skandinavische Staaten und Frankreich, in die – von Westberlin aus – die Tamilen einreisten und um Asyl nachsuchten.

Die DDR befand sich in einer misslichen Lage. Sie wollte ihren Beitrag zur deutsch-deutschen Entspannung leisten, ihren guten Willen zeigen, denn dass Westberlin und die BRD ein Problem hatten, war nicht von der Hand zu weisen. Doch sie wollte dies nicht auf Kosten der Flüchtlinge aus der Dritten Welt tun.

Außerdem bekäme man auch Probleme mit dem Großen Bruder: Weit mehr als zwei Drittel der Flüchtlinge flogen mit Aeroflot, die One-way-Tickets der sowjetischen Airline wurden mit Devisen bezahlt.

Was also tun? Es gab eine typische Schalck-Lösung: Die Interflug als Betreiber des Zentralflughafens Schönefeld wurde veranlasst, allen Airlines mitzuteilen, dass künftig SXF nur noch Transitreisende abfertigen werde, die über gültige Einreisevisa der Bundesrepublik Deutschland oder ein anderes Land verfügten.

Am 24. April 1985 verbreiteten die Agenturen diese Meldung. Noch am gleichen Tag kamen aus Bonn zwei Nachrichten: Schäuble wertete diese Geste der DDR als einen wichtigen Beitrag zur weiteren Entwicklung der deutsch-deutschen Beziehungen, das Loch in der Mauer habe diese bisher »behindert«. Nun aber sei es verschlossen.

Man habe sich zudem auf eine Erhöhung des Swings auf 900 Millionen D-Mark für die nächsten fünf Jahre verständigt. »Der Durchreisestopp sei im ›Kontext‹ mit den Bonner Handelserleichterungen zu sehen, keinesfalls jedoch als ›Gegenleistung‹«, zitierte ihn am 8. Juli 1985 der *Spiegel*.

Nein, da hatte er mal ausnahmsweise recht. Die DDR hatte das nicht nötig. Und auf Bitte der neuen Regierung in Saarbrücken – im März 1985 war Oskar Lafontaine zum ersten SPD-Ministerpräsidenten dieses Bundeslandes gewählt worden – kaufte die DDR für mehr als 100 Millionen D-Mark Kohle und Stahl.

Wolfgang Schäuble und Alexander Schalck-Golodkowski bereiteten Honeckers Staatsvisite im September 1987 intensiv vor. Im Wesentlichen ging es dabei um zwei Aspekte. Wie bei Staatsbesuchen Honeckers stets üblich, wurden im Vorfeld alle kritischen und streitbaren Punkte geklärt und also ausgeräumt, womit vermieden wurde, dass bei den offiziellen Begegnungen Unangenehmes zur Sprache kam. Grundsätzliches wurde damit nicht aus der Welt geschafft, wohl aber einzelne akute Fälle gelöst.

Das zweite wesentliche Element betraf das diplomatische Protokoll. Wer begrüßt wen wo und wann? Gibt es einen Empfang mit militärischen Ehren, ein Eskorte in der Luft und auf der Straße, ein Staatsbankett? Tauscht man Reden aus oder gibt es nur einen kurzen Toast? Wer macht wann wem seine Aufwartung, welche Orte werden aufgesucht, wie heißen die Stationen des Reiseprogramms? Wo wehen welche Fahnen, was wird im Fernsehen übertragen, live oder in Zusammenfassungen? Wird ein gemeinsames Kommuniqué verabschiedet, finden Pressekonferenzen statt, wer wird dort auftreten und welche Medienvertreter werden zugelassen usw.

Staatsgast Erich Honecker schreitet an der Seite des Kanzlers die Ehrenkompanie ab, 1987

Erich Honecker hatte nur einen Wunsch: Dass er in allen Fragen gleichberechtigt und in politischer Augenhöhe mit dem Bundeskanzler behandelt werde. Das forderte er nicht um seiner Selbst willen, um seine in Anflügen vorhandene Eitelkeit zu befriedigen, sondern ausschließlich zur Aufwertung der DDR. Die jahrzehntelange Ignoranz und Ausgrenzung, die geringschätzige Behandlung des Staates von 17 Millionen Deutschen, die abfällige Beurteilung ihrer Leistungen, die Herablassung, mit der über die Kleine-Leute-Republik bisweilen hergezogen wurde, die Verweigerung der Anerkennung der Staatsbürgerschaft – all dies sollte durch das Protokoll vergessen gemacht werden. Honecker wünschte unausgesprochen, wie jeder andere Staatsmann in Bonn begrüßt und behandelt zu werden. Mehr nicht.

Die mehrtägige Reise des ersten Mannes der DDR durch die Bundesrepublik empfand dieser als Höhepunkt seines politischen Lebens. Er sah darin gewissermaßen die Krönung des jahrzehntelangen ausdauernden Kampfes der DDR um Selbstbehauptung und Gleichberechtigung auf der Weltbühne, woran auch Persönlichkeiten wie Alexander Schalck-Golodkowski ihren messbaren Anteil hatten. Natürlich machten westliche Staatsoberhäupter der DDR ihre Aufwartung , und Honecker hatte in den 80er Jahren in Europa Österreich, Frankreich, Spanien, Belgien, Schweden und Finnland bereist. Aber den unmittelbaren Nachbarn und Widerpart im Westen eben nicht. Nunmehr schien diese Lücke geschlossen, Honecker betrachtete seine Visite gewissermaßen als Schlussstein im außenpolitischen Bogen. Nicht wenige jedoch meinten später, in Kenntnis der Geschichte, es habe sich von westlicher Seite wohl eher um propagandistisches Staatstheater gehandelt, um die eigentlichen Intentionen erfolgreich zu verschleiern.

Die auffällig gewachsene Akzeptanz der DDR in den westeuropäischen Staaten hing sowohl mit deren Stabilität als auch mit der sinkenden Instabilität des Ostblocks zusammen. Die durch die Hochrüstung zunehmend schwächer werdende Führungsmacht des Warschauer Paktes verlor nicht nur an Einfluss in der Welt, sondern auch im eigenen Bündnis. Was, so stellte man sich zunehmend im Westen die Frage, geschieht an den Rändern, was mit der DDR, wenn die Kräfte der Sowjetunion nicht mehr reichen, ihr Einflussgebiet wie gewohnt zusammenzuhalten? Die DDR band allein durch ihre Existenz nicht wenig Energie der Bundesrepublik. Würde sie verschwinden, hätte die BRD Kapazitäten frei. Denn das Prinzip imperialistischer Konkurrenz hatte sich doch durch politische, wirtschaftliche und militärische Bündnisse nicht erledigt, zu denen man sich zusammengeschlossen hatte.

Aus diesen Überlegungen erwuchs das Bedürfnis, die DDR zu stützen und zu stärken. 1966 hatte der französische Schriftsteller Francois Mauriac in einem *Spiegel*-Gespräch erklärt: »Ich liebe Deutschland, ich liebe es so sehr, dass ich sehr zufrieden bin, dass es zwei davon gibt.« Dieser schlüssige Satz wurde in der Folgezeit nicht nur von französischen Politikern zitiert, das taten auch andere in Westeuropa.

Und schließlich handelten sie auch, um den Status quo zu erhalten. Bekanntlich kam Frankreichs Präsident Mitterrand Ende 1989, als die Grenze zur Bundesrepublik bereits geöffnet war, in die DDR und schloss einen Vertrag über wirtschaftliche Zusammenarbeit über fünf Jahre. Das Verschwinden der DDR in der Bundesrepublik sei für ihn ein Albtraum, sagte er, als bereits alle Messen gelesen waren. Und auch Margaret Thatcher, Großbritanniens Premierministerin und so wenig Freund der DDR und des Realsozialismus wie ihr französischer Kollege, sträubte sich gegen diese Vorstellung. Sie pflichtete Francois Mitterrand bei, als dieser im Januar 1990 bei einem Besuch in Downing Street Nr. 10 äußerte, das neue Deutschland werde sich in Europa »mehr Boden als Hitler sichern«.

Viele Jahre nach dem Untergang erschienen etliche Publikationen, die die internen Diskussionen in den beteiligten Regierungen dokumentierten. Auch das Archiv der Moskauer Gorbatschow-Stiftung legte Protokolle von Politbürositzungen, Gesprächsabschriften und Tagebuchaufzeichnungen aus der Amtszeit von Michail Sergejewitsch vor. Die Dokumente zur deutschen Frage hatte Gorbatschow persönlich ausgewählt. Sie waren, wie der russische Historiker Pawel Stroilow feststellte, nachträglich bearbeitet und gekürzt worden. Mal fehlten nur ein paar belanglose Wörter, mal Seiten oder ganze Gespräche. Bevor die russischen Archive wieder geschlossen wurden, kopierte Stroilow soviel wie möglich an Originalakten. Drei Jahre lang arbeitete er im Gorbatschow-Archiv, ehe er nach Großbritannien ausreiste. Auf die Frage nach dem Grund der nachträglichen Dokumenten-Bearbeitung sagte er: Die handelnden Personen, allen voran Gorbatschow selbst, sollten im Licht der Geschichte mehr glänzen als im wahren Leben. Gegenüber dem *stern* erklärte Stroilow im November 2009: »Gorbatschow war wohl ein viel orthodoxerer Kommunist, als man im Westen dachte. Zumindest gab er sich so. Viele im Westen waren ›Klassenfeinde‹ für ihn, so nannte er übrigens auch Franz Josef Strauß. Für die Nachwelt will Gorbatschow wohl als weitsichtiger Demokrat und Reformer dastehen.« Noch 1988 nannte er Honecker auch intern

*Der Judas-Kuss, 1986. Gorbatschow über Honecker:
»absoluter Schwachkopf«*

einen »herausragenden Führer der sozialistischen Gemeinschaft« – später bezeichnete er ihn als »absoluten Schwachkopf«.

Gorbatschow sagte über seinen späteren Freund Helmut Kohl, er sei »nicht gerade ein großer Intellektueller«. Und als der Kanzler am 28. November 1989 im Bundestag gar seinen Zehn-Punkte-Plan zur deutschen Einheit vortrug, fühlte sich Gorbatschow übergangen und verraten und bestellte am 5. Dezember BRD-Außenminister Genscher zu sich. »Kohl behandelt die Bürger in der DDR wie seine Untertanen«, zitierte Stroilow aus den Protokollen. »Das ist erzreaktionärer Revanchismus!«

Er habe Genscher die Leviten gelesen, berichtete Gorbatschow einen Tag später Francois Mitterrand mit gewisser Genugtuung: »Kohls Thesen sind ein Diktat.« Darauf Mitterrand: »So direkt haben Sie das gesagt? Diktat – das ist ja ein deutsches Wort.«

Gorbatschow: »Ich wurde noch viel deutlicher. Ich habe Genscher gesagt: So zerstört man alles, was bislang erreicht wurde. Ob er wisse, wie so ein Verhalten genannt wird? Provinzielle Politik.« So benehme sich »ein Elefant im Porzellanladen«. Und sein Außenminister Eduard Schewardnadse, so Gorbatschow weiter, habe über Kohl gesagt: »Noch nicht einmal Hitler redete in so einem Ton.« Gorbatschow erschien wohl auch der Vergleich zu unpassend – er wurde aus dem Original gestrichen.

Kohl bot acht Milliarden D-Mark für Gorbatschows Zustimmung, dieser forderte das Doppelte. Am Ende bekam er zwölf Milliarden für die DDR und weitere drei Milliarden zinslosen Kredit. Kurz vorm Ende der DDR erklärte Gorbatschow gegenüber Genscher: »Wir brauchen finanzielle Soforthilfe.« Der Mann, der – wie er sich später rühmen sollte – angetreten war, den Kommunismus abzuschaffen, der Präsident einer Weltmacht, war sich der erniedrigenden Bettelei bewusst und bat darum Genscher um strengste Vertraulichkeit. »Wir wollen niemanden erschrecken«, zitierte ihn Stroilow aus den Originaldokumenten.

Große Geschichte endet bisweilen mit einem Treppenwitz.

Schalck und der BND

Es gibt zwei Entscheidungen im Leben des Alexander Schalck-Golodkowski, die, wenn sich die Zeit zurückstellen ließe, er möglicherweise anders treffen würde, als er es damals tat. Doch Geschichte ist Geschichte, sie lässt sich nicht mehr korrigieren. Und sie wird, wie es bei Marx im »18. Brumaire des Louis Bonaparte« heißt, von Menschen gemacht, »aber sie machen sie nicht aus freien Stücken, nicht unter selbstgewählten, sondern unter unmittelbar vorgefundenen, gegebenen und überlieferten Umständen«.

Die »unmittelbar vorgefundenen« Umstände Anfang Dezember 1989 waren Hysterie und Pogromstimmung auf den Straßen der DDR. Sie richteten sich gegen die Exponenten des sich auflösenden Staates und wurde befeuert durch täglich neue »Enthüllungen« in den Medien. Amtsmissbrauch und Privilegienwirtschaft hießen die Schlagworte, Denunziation und Rache für – eingebildete oder tatsächlich – erlittene Unbill und Ärger waren die Praxis. Nicht wenige, die aus Überzeugung den Staat trugen, legten Hand an sich wie etwa Wolfgang Junker, Schalcks langjähriger Freund und Ex-Bauminister, oder Generalleutnant Horst Böhm, Chef der Dresdner Bezirksverwaltung des MfS. Es gibt keine Statistik über die Suizide in jenen Monaten, aber ihre Zahl ist beachtlich, und sie widerspricht der These von der »friedlichen Revolution«.

Ja, es gab keinen Bürgerkrieg mit Waffen, wohl aber einen mit Worten, und die Leichen waren so real, wie es eben auch die unzähligen Rufmorde waren.

Dass in einer solchen Situation Personen wie Alexander Schalck-Golodkowski, die seit Jahrzehnten im ersten Schützengraben des Kalten Krieges kämpften, um ihr Leben bangten, konnte nicht überraschen. Verwundern allenfalls, dass erfahrene und trainierte Klassenkämpfer wie er davonrannten, im Wortsinne flüchteten. Nicht um die Seiten zu wechseln, sondern um das eigene Leben in Sicherheit zu bringen.

Da die Frage nur hypothetisch zu beantworten ist, was geschehen wäre, wäre er geblieben, muss auch ein Urteil im Sinne einer Verurteilung unterbleiben, dass er gegangen ist. Auch ein Oberst des MfS, einsneunzig groß und »gestandenes Mannsbild«, wie man in Bayern sagt, ist letztlich nur ein Mensch. Und alle, die ihn näher kennen, verweisen auf Schalcks Dünnhäutigkeit und Sensibilität.

Krenz erinnert sich der Politbürositzung nach der Volkskammersitzung am 1. Dezember. »Auf der Tagesordnung steht auch ein Bericht von Alexander Schalck über seine heutigen Beratungen mit Seiters in Bonn. Es geht um neue Vollmachten für die Vorbereitung meines und Modrows Treffen mit dem Bundeskanzler. Bevor wir zur Sache kommen, erlebe ich einen Alexander Schalck, wie ich ihn bisher nie gesehen habe. Bei allen Schwierigkeiten strahlte er stets Optimismus aus. Ihm fiel auch in aussichtslosen Situationen immer eine Lösung ein.

Nun aber sitzt er vor uns, ist verzweifelt und weint. Vor seinem Wohnhaus finden Demonstrationen statt. Es werden Morddrohungen gerufen, Gerüchte verbreitet. Der Artikel im *Spiegel* am 20. November wurde auch von den Volkskammerabgeordneten aufgenommen, als stünde darin die Wahrheit. Schalck könnte im Parlament Auskunft geben, doch dann würden geheime Staatsangelegenheiten, die es in jedem Land der Welt gibt, auch im Westen bekannt werden. Er und wir sind in einer aussichtslosen Situation.«

Für manche gilt allein die Flucht als Verrat, und sie fürchten, wie etwa Wolfgang Schwanitz, dass »weitere Fluchten von Verantwortungsträgern« folgen könnten, was »das Tempo des Zerfalls der DDR« beschleunigen würde. So der damalige Leiter des Amtes für Nationale Sicherheit am 28. Mai 2012 in einem Schreiben an die Autoren. Das AfNS habe damals »genauso im Fokus der Angriffe auf die DDR gestanden wie Schalck. In dieser Situation konnte ihm das AfNS kaum helfen.« Wäre die Verbindung publik geworden, »hätte das seine gefährliche Lage noch verschärft. Als Ausweg aus der gefährlichen Bedrohung Schalcks gab es die festgelegte Alternative, sich nach Wünsdorf in die Obhut der sowjetischen Streitkräfte zu begeben.«

Die zweite Entscheidung, die ihm insbesondere Weggefährten verübeln, war jene, dem Bundesnachrichtendienst Rede und Antwort gestanden zu haben. Unmut löste weniger die Tatsache aus, *dass* Schalck-Golodkowski mit den Geheimdienstlern zwei Monate, von Januar bis März 1990, plauderte, sondern *was* er denen erzählt hatte. So mancher der einstigen Genossen, dem später die Protokolle der rund dreißig Befragungen unter die Augen kamen, fühlte sich verraten, weil er der Meinung war, dass Schalck ohne jede Not Details offenbart habe, die er besser für sich behalten hätte.

Doch nicht nur, weil einige dieser – gewiss ungewollt – Belasteten inzwischen verstorben sind, muss man darüber nicht mehr reden. Es ist geschehen, die Milch vergossen und versickert, und darum sollte man nicht mehr viele Worte darüber verlieren. Auch hier gilt, was Brecht in der vierten Strophe seines berühmten Solidaritätsliedes dichtete: »Unsre Herrn, wer sie auch seien / Sehen unsre Zwietracht gern / Denn solang sie uns entzweien / Bleiben sie doch unsre Herrn.«

Die Gespräche mit dem BND erfolgten streng konspirativ, denn die DDR – sie existierte ja noch und sollte erst am 18. März 1990 abgewählt werden – ließ international nach dem geflüchteten Staatssekretär fanden, wobei es den Ermittlungsbehörden wohl weniger darum ging, ihn auch zu finden, sondern der eigenen Bevölkerung entschlossenes Handeln bei der Rechtsverfolgung zu demonstrieren. So hatte man denn den krebskranken Honecker am 29. Januar im Pyjama in der Berliner Charité verhaftet und in die Haftanstalt Rummelsburg überführt, wo bereits andere Ex-Politbüromitglieder einsaßen.

Schalck bekam in jener Zeit vom BND einen Treffpunkt in München genannt, den er mit einem Taxi ansteuerte. Dort stieg er in ein Fahrzeug des Bundesnachrichtendienstes, welches ihn in ein Hotel brachte. Am 22. Januar quartierte der BND das geflüchtete Ehepaar in einer Berghütte unweit der Grenze zu Österreich ein, das Domizil befand sich auf über tausend Meter Höhe auf dem Samerberg und war für den Autoverkehr gesperrt. Es erging Order an die beiden, weder die Fensterläden zu öffnen, weil ein Wanderweg vorüberführte, noch sich im Freien aufzuhalten. Das Quartier war alles andere als annehmbar. Es stand beim Eintreffen benutztes Geschirr herum, geheizt und gekocht wurde mit Kohle, und die Türen waren niedrig, dass Schalck den Kopf einziehen musste, um nicht gegen den Rahmen zu stoßen. Ein Telefon existierte zunächst auch nicht.

Dass sich der BRD-Auslandsnachrichtendienst für Schalck interessierte und nicht etwa der Verfassungsschutz verriet, dass die DDR für die Bundesrepublik das war, was die offizielle Politik immer bestritt: nämlich Ausland. Diese Feststellung erfüllte Schalck trotz der misslichen Lage, in der er sich befand, mit einer gewissen Genugtuung. Denn obgleich er sich anschickte, Bundesbürger zu werden, hing sein Herz unverändert an jenem Staat, für den er sich jahrzehntelang engagiert hatte. Er hatte zwar Adresse, Kleidung und Fahrzeugmarke ge-

1999 ist alles ausgestanden

wechselt, nicht aber seine Gesinnung und Identität. Verloren gingen einzig seine Heimat und sein Vaterland. Und viele einstige Freunde und Kampfgefährten.

Die Gespräche mit dem BND, oft sechs bis acht Stunden lang, erfolgten in Schliersee oder Umgebung, und die sogenannte Einvernahme geschah wie in München: in Hotelräumen. Die Fragen kreisten um Wirtschaft, Finanzen und Politik der DDR, dort speziell zu deren aktuellem politischen Personal. Später drangen die Fragesteller – mal waren es zwei, mal drei, mitunter fast ein ganzes Dutzend, also sogenannte Experten – zum Bereich Kommerzielle Koordinierung vor. Sie verfügten einerseits über bemerkenswerte Kenntnisse, andererseits wussten sie mitunter wenig bis nichts. Man kann auch sagen: Sie verfügten über solides Halbwissen. Aber das verkauften sie mit ganzer Überzeugung.

Danach begannen sich die Geheimdienstler für Schalck-Golodkowskis Tätigkeit als Unterhändler zu interessieren. Auch hier offenbarten sie erhebliche Lücken. Sie wollten vornehmlich wissen, mit wem er worüber gesprochen habe, als ginge es darum, seinen politischen Partnern in der Bundesrepublik postum etwas am Zeug zu flicken.

Der vierte, zuletzt erörterte Komplex galt der Spionage, ob er also auf dem Territorium der Bundesrepublik nachrichtendienstlich aktiv gewesen sei. Dazu hatte der BND das Bundeskriminalamt und die Bundesanwaltschaft hinzugezogen. Ganz klar, man hoffte, ihm strafrechtlich an die Karre fahren zu können. Schalck bestritt nach eigenem späteren Bekunden jeden Vorwurf in diese Richtung, womit keineswegs die Akte geschlossen werden sollte.

In den folgenden Jahren wurde etwa ein halbes Hundert Ermittlungsverfahren gegen ihn eingeleitet, mehr noch, als etwa gegen DDR-Außenhandelsminister Gerhard Beil, der auf etwa dreißig kam, und jeden anderen DDR-Politiker. In sechs Fällen wurde schließlich Anklage erhoben, das längste Verfahren (rechtswidrige Bereitstellung von Devisen zur Finanzierung von Westimporten für die Waldsiedlung, Vertrauensmissbrauch und schwere Schädigung des sozialistischen Eigentums) zog sich acht Jahre hin, offenbarte aber das Aberwitzige der Anklage auf exemplarische Weise: Die Justiz der kapitalistischen Bundesrepublik wollte einen ehemaligen DDR-Bürger wegen vermeintlicher Vorstöße gegen die Gesetze des sozialistischen deutschen Staates verurteilen.

Doch wie die Sache auch ausging: Der Argwohn blieb erhalten, Alexander Schalck-Golodkowski könnte ein Doppelagent gewesen sein, das heißt: Er hatte nicht nur zwei Arbeitsverhältnisse in der DDR, sondern womöglich noch ein drittes im Westen. Der Verdacht speist sich aus den bereits genannten Umständen, wird genährt auch von der seit 1990 gültigen Wohnadresse und von gelegentlichen Veröffentlichungen in der Presse, wo süffisant auf die angeblich verschwundenen KoKo-Millionen verwiesen wird. Komisch, noch nie stellte einer die Frage, ob die 21.700 Kilogramm Gold nicht im Vorgarten in Rottach-Egern vergraben sind.

In einem Gespräch mit Heinz Wuschech zum Thema BND, Ende der 90er Jahre, äußerte sich Schalck, der Bundesnachrichtendienst habe es clever angestellt: Man hat »eine Expertengruppe zu mir geschickt und mir das Gefühl gegeben, Berater für die Wiedervereinigung zu sein«. Geld habe er keines angenommen, obwohl er es gebraucht hätte. »Ich wollte nicht zum Verräter werden und mir selber treu bleiben.« Volker Foertsch, Leiter der BND-Abteilung I (Beschaffung), zu deren Aufgaben die

Quellenführung gehört, habe ihm für jede Stunde 500 D-Mark geboten, was er ablehnte. »Ich wäre mir sehr schäbig vorgekommen, wäre ich auf dem Niveau ›Wissen gegen Geld‹ gelandet. Ich wollte Wissen für die Wiedervereinigung vermitteln. Das war mein einziges Motiv.«

Die Gespräche mit dem BND – »manchmal saßen bis zu zwanzig Beamte um mich herum« – habe er nicht als Verrat empfunden. »Die Frage, ob ich zum Verräter geworden bin, stellte sich für mich nicht mehr. Staatsgeheimnisse der DDR gab es zu diesem Zeitpunkt nicht mehr.« Man habe ihm präzise Fragen gestellt, das wäre professionell gewesen. »Ich habe dargelegt, dass die DDR unter großen Anstrengungen, und vor allem durch den Einsatz meines Bereichs, erhebliche Devisenbeträge für neueste technische Produktionsmittel« aufgewandt hätte. Doch am Ende sei die DDR nicht mehr in der Lage gewesen, »die einfache Reproduktion zu sichern. Das konnte auch der Bereich Kommerzielle Koordinierung mit vielen anlagegebundenen Krediten nicht mehr leisten.«

Trotzdem: »Es ist unverschämt und überheblich zu behaupten, alles in der DDR sei verludert und verlottert gewesen. Das stimmt einfach nicht. Aber im Unterschied zu Kohl wussten das viele im Westen ganz genau. Die DDR wurde über den Tisch gezogen, es wurde im großen Stil Geld abgeschöpft. Es wurden abenteuerliche Geschäfte abgewickelt.« So Schalck dazu Ende der 90er Jahre gegenüber Wuschech.

Der Kontakt zum BND fand nach Aussage Schalcks sein Ende mit einem opulenten Abendessen im Hotel »Überfahrt« am Tegernsee am 16. März 1990. Gastgeber war BND-Präsident Hans-Georg Wieck, ein studierter Historiker und ehemaliger Botschafter. Vielleicht schenkte er deshalb das Buch von Sebastian Haffner, »in welchem die Rolle des kaiserlichen Geheimdienstes eine gewisse Rolle spielte, was wohl eine Anspielung auf unser beider Zweitberuf sein sollte. Die Botschaft lautete: Die deutschen Geheimdienste waren zu allen Zeiten top.« Und der BND spendierte dem Ehepaar Schalck-Golodkowski eine 14-tägige Italien-Reise. »Wir haben sie nie abgefordert.«

Schalcks enttäuschendes Fazit: »Die Zusage, sich für Straffreiheit einzusetzen, hat der BND nicht eingehalten.«

War Schalck ein Doppelagent?

Der Untersuchungsausschuss des Deutschen Bundestages stellte fest, dass der BND bis zum 12. Januar 1990 keinen Kontakt zu dem Ex-Staatssekretär der DDR gehabt hätte. Während seines Aufenthalts in der JVA Moabit hätten sich lediglich »befreundete ausländische Dienste« um Gespräche mit ihm bemüht, die aber von Alexander Schalck-Golodkowski ausnahmslos abgelehnt worden waren.

Ruhe um Schalck

Ein Jahr vor der Jahrtausendwende waren alle Verfahren und Ermittlungen durch, der »Schalck-Untersuchungsausschuss« des Deutschen Bundestages und der des Freistaates Bayern hatten das Leben von »Big Alex« nach allen Regeln der parlamentarischen Kunst durchleuchtet, und wenn die Aussicht auf eine juristische Hinrichtung schwand, half die Presse nach und blies in die schwache Glut des erlöschenden Verfolgungsfeuers.

Doch irgendwann gingen auch ihr die Puste und die Lust aus.

Seither ist es ruhig geworden um Schalck, der zu den wichtigen Personen der deutschen Zeitgeschichte des vorigen Jahrhunderts gehörte. Er trat als junger Mann an, seinen Staat zu stärken und zu stützen, am Ende wollte er ihn retten. Mit kaufmännischem Können, mit Witz und Charme, mit einer Haltung, die ihn für Freund wie Feind einnahm. Dass ihm die wundersame Rettung der DDR nicht gelang, ist nicht Schalck-Golodkowski zuzuschreiben. Sie konnte objektiv nicht gelingen: Das Modell, dem die DDR folgte, war unter den herrschenden Umständen – den inländischen wie den auswärtigen – nicht reparabel.

Dass das andere System, in welchem er seinen Ruhestand nahm, zwangsweise nehmen musste, erheblich besser ist als das untergegangene und darum im Unterschied zu diesem eine Perspektive habe, muss erst noch bewiesen werden. Übrig geblieben zu sein, ist kein Beweis. Alle Indikatoren deuten zudem darauf hin, dass dieses Modell auch nicht überdauern wird. Geschichte wird gemacht: nicht, wie es sich die Regierenden wünschen, sondern wie es die herrschenden Umstände diktieren.

Das war in der DDR so. Das wird auch in und mit der Bundesrepublik so geschehen.

Strauß war ein ziemlich guter Analytiker, berichtet Schalck. Er nahm die Wirklichkeit, wie sie war, und zog seine Schlüsse. Er habe den Sozialismus keineswegs verdammt. »›Es gibt nur zwei Wertesysteme‹, sagte er«, so erinnert sich Schalck, »›das ist der Sozialismus mit seiner zentralen Leitung und Planung der Volkswirtschaft, wie Sie ihn machen. Und dann gibt es eine soziale Marktwirtschaft, wie wir sie machen.‹ Er hatte sich für sein System entschieden, aber mindestens respektiert, dass ich mich für das andere entschieden hatte.

Unterwegs in Oberwiesenthal, 1999

Strauß war in solchen Gesprächen manchmal sehr emotional und glaubte uneingeschränkt an die Überlegenheit des Kapitalismus. ›Ich gebe dem Sozialismus noch zehn Jahre.‹ Wir saßen am Tisch bei Kaffee und Kuchen, um uns turnte ein Enkelkind von ihm, es war eine traute, familiäre Stimmung. ›Keine zehn Jahre!‹

Das war einige der wenigen Male, wo Strauß nachweislich irrte. So viel Zeit blieb uns nicht mehr.«

Gleich viel: Wir sollten nicht darüber hinwegsehen, was Schalck-Golodkowski als politisches und ökonomisches Schwergewicht für dieses Land und für dieses System geleistet hat. Trotz seines Untergangs. Er trug viele Risiken allein, er bürdete sich gewaltige Probleme aus freien Stücken und aus Überzeugung auf, er gewann und verlor dabei, bei einigen Weggefährten sogar seine Glaubwürdigkeit. Das bleibt nicht aus, wenn man in einem Metier tätig ist, wo Verschwiegenheit nicht nur eine Tugend, sondern zwingend ist.

Außerdem: Schalck war wie ein begnadeter Klavierspieler, der keine Noten kennt und keinen Dirigenten braucht, der lediglich seiner Intuition und seinem inneren Rhythmus folgt und darum einzigartig ist. Die Zahl solcher Ausnahmetalente ist gering.

So hat er denn Tag für Tag, Woche für Woche, Monat für Monat, Jahr um Jahr und das länger als zwei Dezennien lang rund um die Uhr Entscheidungen getroffen und Anweisungen erteilt, wie es weitaus üppiger bezahlte Top-Manager in der Wirtschaft Zeit ihres Lebens nie tun müssen. Und da es in diesem Buch weniger um die Frage der Systeme ging, deren Konfrontation solche unmenschlichen Anforderungen nötig machten, sondern um den Mann, der sie zu erfüllen suchte, sollte ihm hier auch der angemessene Beifall gezollt werden.

Zeittafel

1889
Agnes Eue, die Mutter, in Hamburg geboren

1895
Peter Golodkowski, der Vater, in Gomel geboren

1919
Geburt von Bruder Slawa. Der Vater ist Leonid K., Sohn eines zaristischen Finanzbeamten, der während der Interventionskriege als Kommandeur eines Kanonenbootes der Roten Armee kämpft. Trennung von Agnes und Leonid

1932
Alexander Golodkowski, Kind des staatenlosen Ehepaares Agnes und Peter G., in Berlin geboren

1936
Zur Erlangung der deutschen Staatsbürgerschaft lassen sich Agnes, Peter und Alexander Golodkowski vom kinderlosen Ehepaar Anna und Friedrich Schalck adoptieren. Seither trägt Alexander den Doppelnamen Schalck-Golodkowski

1939
Hochzeit von Bruder Slawa in Berlin. Nach Kriegsbeginn Erteilung der deutschen Staatsbürgerschaft, Musterung und Einzug zur Wehrmacht

1941
Vater Peter Schalck-Golodkowski, im Ersten Weltkrieg in der zaristischen Armee Ordonnanzoffizier im russischen Armeestab an der österreichischen Front, wird nach dem Überfall auf die Sowjetunion Leiter eine Dolmetscher-Schule der Wehrmacht in Berlin

1945
Hauptmann Peter Schalck-Golodkowski gerät in Berlin im Frühjahr in sowjetische Kriegsgefangenschaft und gilt seit Juli als verschollen

1947
Alexander Schalck-Golodkowski (»Schura«) beendet die Schule, Beginn einer Bäckerlehre in Berlin, seit September Feinmechaniker-Lehre in Kreuzberg auf Vermittlung des Bruders Slawa, der seit seiner Rückkehr aus britischer Kriegsgefangenschaft in den Kinospezialwerkstätten Hopstock & Co. tätig ist

1948
Wegen Betriebsauflösung im Herbst Wechsel zu den Elektro-Apparate-Werken Treptow (EAW), einer sowjetischen Aktiengesellschaft (SAG), Anschluss an die Betriebssportgemeinschaft, zunächst als Boxer, später als Ringer

1949
Agnes Schalck-Golodkowski lässt ihren Mann Peter für tot erklären. Es heißt, er sei standrechtlich erschossen worden

1950
Abschluss der Lehre und Tätigkeit als Sachbearbeiter für Messgeräte und Relaisproduktion

1951
Eintritt in die Freie Deutsche Jugend (FDJ). Am 1. Mai erstmals als Aktivist ausgezeichnet. Im Herbst Wechsel zum VEB Rundfunk- und Fernmeldetechnik (RFT)

1952
Im Frühjahr Bewerbung beim Außenhandelsbetrieb (AHB) Deutscher Innen- und Außenhandel Elektrotechnik als Sachbearbeiter für Werbung und Messen. Nach einem halben Jahr Kadergespräch im Ministerium für Außen- und Innerdeutschen Handel und Beginn einer Tätigkeit in der dortigen Hauptabteilung Maschinenbau

1953
Antrag auf Aufnahme in die SED an Stalins Sterbetag, Beginn der zweijährigen Kandidatenzeit. Sekretär einer FDJ-Grundorganisation mit rund 80 Mitgliedern.
Nach dem 17. Juni Eintritt in die neu gebildeten Kampfgruppen der Arbeiterklasse.
Im September Übernahme der Leitung des Bereichs Werkzeugmaschinen, Werkzeuge und Metallwaren in der Hauptabteilung Maschinenbau im Ministerium für Außen- und Innerdeutschen Handel. Teilnahme an der Messe in Utrecht, erste vierwöchige Auslandsreise

1954
Im Frühjahr Teilnahme an der Messe in Paris. Ab Herbst Beginn des Studiums an der neugegründeten Hochschule für Außenhandel in Staaken, zuvor Abitur an der Arbeiter- und Bauern-Fakultät der Humboldt-Universität zu Berlin

1955
Im Dezember Trauung mit Margareta Becker, einer Schneiderin. Aufnahme in die SED als Mitglied

1956
Rückkehr ins Ministerium nach vier Semestern Direktstudium in Staaken, Abschluss als Diplomaußenhändler im Fernstudium. Im November Geburt des Sohnes Thomas

1957
Abteilungsleiter für den Export von DDR-Industrieanlagen

1959
Leiter der Hauptverwaltung Schwermaschinen- und Anlagenbau im Ministerium. In der zweiten Hälfte der 50er Jahre wiederholte Dienstreisen nach Ägypten, die UdSSR und andere Staaten sowohl im Westen als auch im Osten

1961
Teilnahme an den Grenzsicherungsmaßnahmen am 13. August als Stellvertretender Kommandeur einer Kampfgruppen-Hundertschaft

1962

Berufung zum hauptamtlichen 1. Sekretär der SED-Kreisleitung im Ministerium für Außenhandel, zuständig für rund 5.000 Parteimitglieder. Diese Funktion übt er bis 1966 aus. Beginn der Freundschaft mit Generalmajor Hans Fruck (1911-1990), Vizechef der Hauptververwaltung Aufklärung (HV A) und Stellvertretender Minister für Staatssicherheit, sowie Heinz Volpert (1932-1986), Abteilungsleiter in der HV A, seit 1971 im Range eines Oberst und im Sekretariat des Ministers zuständig für den Sonderbereich Devisenbeschaffung/Häftlingsfreikauf und -austausch

1963

Teilnahme am VI. Parteitag der SED, der das Neue Ökonomische System der Planung und Leitung (NÖSPL) beschließt, das Reformkonzept für das sowjetische Sozialismusmodell

1964

Geburt der Tochter Petra

1965

Vorschläge zur Erwirtschaftung von Devisen durch den Einsatz von Staatsreserven an den internationalen Warenterminbörsen, erste erfolgreiche Spekulationen mit Kupfer. Beginn der sogenannten Kirchengeschäfte, um Embargobestimmungen zu unterlaufen und den Kirchen im Westen Transferleistungen an die Schwesternkirchen im Osten zu erlauben: Es werden Waren aus der BRD geliefert, die in DDR-Mark bei den DDR-Kirchen bezahlt wurden. So erfolgen auch »Häftlingsfreikäufe«. Die BRD zahlt die Ausbildung der Ausreisenden

1966

Leiter des am 1. April gegründeten Bereichs Kommerzielle Koordinierung (KoKo) im Ministerium für Außenhandel, der u. a. die ökonomische Seite der sogenannten Kirchengeschäfte abwickelt und Parteifirmen im Westen als Kapitalgesellschaften aufbaut, um Devisen für die DDR zu erwirtschaften. Die Initiative zur Bildung von KoKo geht vom Ministerrat aus, das MfS steht Pate. Schalck-Golodkowski wird auf Vorschlag von Fruck und Volpert als Offizier im besonderen Einsatz (OibE) im Range eines Oberstleutnants ins MfS eingebunden, das heißt, Schalck hat fortan ein doppeltes Arbeitsverhältnis. Am 7. Dezember Berufung zum Stellvertretenden Minister für Außenhandel

1967

Im Mai Beginn der Tätigkeit als deutsch-deutscher Unterhändler. Die intensiven inoffiziellen Gespräche mit dem Westberliner Wirtschaftssenator Dr. Karl König – von denen nur wenige auf beiden Seiten wissen und die etwa über sechs Jahre geführt werden – legen mit der Formel »Politische Zugeständnisse der DDR gegen finanzielle Leitungen der BRD« die Basis für alle deutsch-deutschen Verhandlungen bis 1989

1969

Abschluss der Aufbauphase von KoKo, eines mit kapitalistischen Prinzipien arbeitenden Unternehmens. Die rund 3.000 Mitarbeiter erwirtschafteten von 1966 und 1989 mindestens 25 Milliarden D-Mark. Mit der Eröffnung des Hotels Neptun in Warnemünde erfolgt der Einstieg von KoKo ins internationale Tourismusgeschäft.
Ehrung mit Vaterländischem Verdienstorden (VVO) in Gold

1970
Promotion (gemeinsam mit Heinz Volpert) an der Juristischen Hochschule in Potsdam-Eiche zum Thema »Vermeidung ökonomischer Verluste und Erwirtschaftung zusätzlicher Devisen«

1972
Übertragung der Verantwortung für die Versorgung der Waldsiedlung Wandlitz an KoKo, die über die 1965 gebildete MfS-Firma Letex realisiert wird. Der Etat pro Jahr liegt bei rund sieben Millionen D-Mark. Verantwortlich ist eine fünfköpfige Arbeitsgruppe unter Leitung von Sigrid Gutmann, später Schalck-Golodkowski.
In Berlin stirbt Mutter Agnes

1974
Am 29. März richtete Schalcks Stellvertreter Manfred Seidel bei der Deutschen Bank das Konto mit der Nummer 0628 ein, auf das künftig die Gelder für sogenannte Häftlingsfreikäufe fließen. Zeichnungsberechtigt sind ausschließlich Schalck und Seidel, Honecker entscheidet einzig über die Verwendung dieser Guthaben.
Auf diesem »Honecker-Konto« befinden sich Ende 1989 etwa 2,2 Milliarden D-Mark, von denen lediglich 100 Millionen kurzfristig verfügbar sind, das Gros ist über DDR-Banken langfristig bei ausländischen Geldhäusern angelegt, um die Kreditwürdigkeit der DDR zu bezeugen.
Im Juli verhandelt Schalck erstmals im Auftrag Honeckers mit Staatssekretär Karl Otto Pöhl, der das Mandat von Bundeskanzler Schmidt hat, über »humanitäre Leistungen«.
Verleihung des Karl-Marx-Ordens

1975
Ernennung zum Staatssekretär im Ministerium für Außenhandel und Beförderung zum Oberst des MfS.
Scheidung von Margareta Schalck-Golodkowski

1976
Unterstellung des Bereichs Kommerzielle Koordinierung im Ministerium für Außenhandel unter die direkte Leitung des ZK-Sekretärs Günter Mittag.
Schalck wird Sekretär der Arbeitsgruppe BRD/Westberlin. Geleitet wird sie von ZK-Sekretär Günter Mittag.
Ehe mit Sigrid Gutmann, einer Diplomfinanzwirtschaftlerin, Leiterin der Arbeitsgruppe Spezialimporte bei KoKo und OibE im Rang eines Oberst

1977
Beginn des Aufkaufs von Parteibetrieben im Westen, Zusammenführung in Holdings mit Sitz in der Schweiz, die mit der DDR Geschäfte abwickeln
Schalck-Golodkowski wird für die Handelsbeziehungen der DDR zu Äthiopien, Angola, Mocambique sowie Sao Tome und Principe verantwortlich gemacht

1981
Beginn des Waffenexporte, die später vom Schalck-Untersuchungsausschuss des Bundestages als »international unbedeutend« eingestuft werden. Der Gesamterlös aus dem Verkauf von Handfeuerwaffen, Munition, Handgranaten, Minen und Panzerabwehrwaffen beläuft sich laut Untersuchungsausschuss auf weniger als 600 Millionen D-Mark

1982
Bezug des Wohnhauses in der Manetstraße 16 in Berlin-Hohenschönhausen zur Miete.
Verleihung des zweiten Karl-Marx-Ordens

1983
Befehl Mielkes zur »politisch-operativen Sicherung des Bereichs Kommerzielle Koordinierung im Ministerium für Außenhandel«, der fälschlich als Eingliederung von KoKo in das MfS interpretiert wird. KoKo bleibt unverändert dem ZK-Wirtschaftssekretär Mittag direkt unterstellt, für die Tätigkeit des Bereichs sind weiterhin die »Beschlüsse, Aufträge und Weisungen des Politbüros des ZK der SED« verbindlich. Schalck wird mit diesem Befehl lediglich in allen sicherheitsrelevanten Fragen Mielke persönlich rechenschaftspflichtig gemacht.
Auszeichnung mit dem Titel »Held der Arbeit«
Am 5. Mai erstes Treffen mit Franz Josef Strauß und Beginn intensiver Gespräche, die Freundschaft endet mit dem Tod von Strauß 1988

1984
Ehrung mit dem »Großen Stern der Völkerfreundschaft«

1986
Auf dem XI. Parteitag der SED Wahl ins Zentralkomitee

1987
Erste Prostata-Krebsoperation

1989

30. Oktober: Erster Live-Auftritt im DDR-Fernsehen

20. November: Der Bericht im Spiegel *»Fanatiker der Verschwiegenheit. Die einträglichen Devisengeschäfte des Alexander Schalck-Golodkowski« bildet den Auftakt zur Jagd. Wie später bekannt wird, wurde der Beitrag absichtsvoll lanciert, er soll auf Informationen des Regierungsdirektors Klaus Ahrend vom Bundesamt für Verfassungsschutz fußen*

27. November: Entlassung als Offizier im besonderen Einsatz (OibE) des MfS/Amt für Nationale Sicherheit

2. Dezember: In Stuttgart Gespräch mit dem Präsidenten des Diakonischen Werkes der Evangelischen Kirche Deutschlands (EKD), Karl-Heinz Neukamm. Nach Rückkehr in Berlin Niederlegung aller Funktionen, Mitteilung an Ministerpräsident Modrow

3. Dezember: 0.40 Uhr Flucht nach Westberlin. Die DDR erlässt einen internationalen Haftbefehl.

Letztes Telefonat (bis heute) mit seinem langjährigen Verhandlungspartner Wolfgang Schäuble. Rechtsanwalt Peter Danckert (SPD) übernimmt Schalcks Mandat.

Ausschluss aus der SED

5. Dezember: Schalck-Golodkowski veranlasst die Löschung aller Bankvollmachten, über die er als Leiter von KoKo verfügt

6. Dezember: Beginn der Zulieferungshaft in der JVA Berlin-Moabit

7. Dezember: Vorführung beim Haftrichter. Antrag auf BRD-Staatsbürgerschaft

1990

5. Januar: Letzte von mehreren Vernehmungen durch die Berliner Staatsanwaltschaft

9. Januar: Haftentlassung, Flug nach München.

Vom 22. Januar bis 16. März 31 Gespräche mit dem BND. Einleitung von etwa einem halben Hundert Ermittlungsverfahren, u. a. wegen Veruntreuung, Betrug und Spionage. Bezug einer Doppelhaushälfte zur Miete in Rottach-Egern am Südufer des Tegernsees. Da ohne Rücklagen und Einkommen Kreditaufnahme von 600.000 DM bei Josef und Willi März 20. März: Sigrid und Alexander Schalck-Golodkowski bekommen Pässe als Bundesbürger ausgehändigt

1991
Am 6. Mai Titelgeschichte im Spiegel *»Auf der Suche nach 22 Milliarden Mark. Der Schalck-Skandal«. Auf Anraten des Anwalts geht Schalck in die publizistische Offensive, u. a. Auftritt in Boulevardsendungen wie »Der heiße Stuhl« und »Explosiv«.*
Am 25. September erste Vernehmung durch den Schalck-Untersuchungsausschuss des Bundestages in Bonn

Picknick mit »Kümmerling« und Adam Martin

1992

Im März Einstellung des Ermittlungsverfahrens wegen des Verdachts, KoKo-Vermögenswerte nach der Flucht übernommen oder deren Rückführung veranlasst zu haben.
14. August: Eintrag der GUSIMEX Handelsgesellschaft mbH in Bad Wiessee, das Handel mit GUS-Staaten betreibt. Sigrid Schalck-Golodkowski übernimmt am 2. März 1993 Geschäftsführung und alle Gesellschafteranteile. Die Finanzierung erfolgt aus dem März-Darlehen. Verlegung des Firmensitzes nach Rottach-Egern

1994

Im Juni Vorlage des Abschlussberichts des Schalck-Untersuchungsausschusses des Bundestages sowie eines Minderheiten-

Sigrid Schalck, Gisela Gutmann und Marlis Wuschech sowie Alexander Schalck-Golodkowski, 1999

votums der PDS/Linke Liste und der Abgeordneten Ingrid Köppe von Bündnis 90/Die Grünen.
Im Juli beendet nach dreijähriger Tätigkeit ein Schalck-Untersuchungsausschuss des Bayerischen Landtages seine Nachforschungen. Im Ergebnis erhob der Freistaat Steuernachzahlungen in zweistelliger Millionenhöhe

1994/95
Anklageerhebung in sechs Fällen:
a) Ungenehmigter Bezug von Nachtsichtgeräten und Jagdwaffen aus der BRD – Verstoß gegen das Alliierte Militärregierungsgesetz Nr. 53 (1996 Verurteilung durch das Landgericht Berlin zu einem Jahr auf Bewährung)
b) Ungenehmigter Bezug von Bauteilen für die Produktion von Mikrochips – Verstoß gegen das Alliierte Militärregierungsgesetz Nr. 53 (Verurteilung zu vier Monaten, die mit der Strafe aus a) zusammengefasst wird)
c) Ungenehmigter Devisen-Transfer – ebenfalls Verstoß gegen das Alliierte Militärregierungsgesetz Nr. 53. Freispruch durch das Berliner Landgericht. Die Revision der Staatsanwaltschaft scheitert 1998 vor dem Bundesgerichtshof
d) Rechtswidrige Bereitstellung von Devisen zur Finanzierung der Versorgung der Waldsiedlung Wandlitz, Vertrauensmissbrauch und schwere Schädigung des sozialistischen Eigentums. Das Landgericht Berlin lässt die Klage nicht zur Hauptverhandlung zu, die Beschwerde der Staatsanwaltschaft beim Kammergericht wird abgewiesen. Nach acht Jahren ist die Sache abgeschlossen
e) Rechtswidrige Bereitstellung von Devisen zur Finanzierung von Bestellungen von Mitgliedern der Partei- und Staatsführung, Vertrauensmissbrauch zum Nachteil des sozialistischen Eigentums. Ausgang wie d).

f) Steuerhinterziehung in der BRD zugunsten der DDR. Ablehnung der Eröffnung des Hauptverfahrens durch das Berliner Landgericht. Im Sommer 199 wird die Beschwerde der Staatsanwaltschaft abgewiesen

1996
Im Januar Verurteilung wegen des Verstoßes gegen das Militärregierungsgesetz der Allliierten zu einem Jahr Haft, die zur Bewährung ausgesetzt wird
Im Juli Anklage wegen Embargovergehen, das Verfahren wurde 1998 wegen der Krebserkrankung ausgesetzt, dennoch erfolgte im Juli 1998 eine Verurteilung zu einer Bewährungsstrafe von 16 Monaten (Zusammenfassung der Strafen aus a) und b), die zur Bewährung ausgesetzt werden)

Schalck und Schumann, 1999

Mit Frau und Tochter, 2010

1997
Zweite Krebsoperation an der Prostata

2003
Schlaganfall und Behandlung in Bad Aibling

2012
Am 3. Juli begeht Alexander Schalck-Golodkowski seinen 80. Geburtstag

Der Dank der Autoren für konstruktive Mitwirkung geht insbesondere an Herbert Graf, Manfred Gutmann, Egon Krenz und Wolfgang Schwanitz

ISBN 978-3-360-01841-0

© 2012 edition ost im Verlag Das Neue Berlin, Berlin
Umschlaggestaltung: Buchgut, Berlin, unter Verwendung eines Fotos
von Daniel Biskup: Schalck in Berlin, 2000
Illustrationen: Archiv Alexander Schalck-Golodkowski (S. 21, 22, 23, 24, 29, 35, 39, 41, 44, 49, 52, 56, 57, 59, 62, 68, 70, 79, 94, 100, 105, 110, 114, 121, 124, 129, 130, 133, 140, 144, 149, 159, 163, 169, 191)
und Heinz Wuschech (S. 12, 86, 88, 155, 173, 187, 188).
© Robert Allertz: S. 14, 46, 75, 76, 80, 84, 85, 87, 90, 190
Druck und Bindung: CPI Moravia Books GmbH

Ein Verlagsverzeichnis schicken wir Ihnen gern:
Das Neue Berlin Verlagsgesellschaft mbH
Neue Grünstr. 18, 10179 Berlin
Fax 01805/35 35 42
Tel. 01805/30 99 99 (0,14 Euro/Min., Mobil max. 0,42 Euro/Min.)

Die Bücher der edition ost und des Verlags Das Neue Berlin
erscheinen in der Eulenspiegel Verlagsgruppe

www.edition-ost.de